외로워서
그랬어요

외로워서 그랬어요

2011년 7월 29일 초판 1쇄 발행. 2023년 7월 18일 초판 12쇄 발행. 문경보가 쓰고, 박정은이 펴냈습니다. 이홍용이 책임 편집을 하고, 천소희가 교정을, 이근호가 표지와 본문 디자인을 하였으며, 이강혜가 마케팅을 합니다. 인쇄와 제본은 상지사에서 하였습니다. 출판사 등록일 및 등록번호는 2003. 2. 11 제2017-000092호이고, 주소는 03421서울시 은평구 은평로 3길 34-2 전화는 (02) 3143-6360, 팩스는 (02) 6455-6367, 이메일은 shantibooks@naver.com 입니다. 이 책의 ISBN은 978-89-91075-70-2 03800 이고, 정가는 15,000원입니다.

ⓒ 문경보, 2011

이 도서의 국립중앙도서관 출판시도서목록(CIP)은 e-CIP홈페이지(http://www.nl.go.kr/ecip)와 국가자료 공동목록시스템(http://www.nl.go.kr/kolisnet)에서 이용하실 수 있습니다.(CIP제어번호: CIP2011003039)

열일곱을 위한 청춘 상담

문경보 지음

【산티】

책머리에

처음 교단에 섰을 때는 3년만 교사의 길을 걸어가려고 했습니다. 그런데 벌써 스물두 해째 학교 울타리를 벗어나지 못하고 있습니다. 그건 사랑, 바로 그것 때문이었습니다. 아직 어린 중학교 1학년부터 몸집 큰 고등학교 3학년 남학생들이 저에게 베풀어준 그 고운 마음들 때문이었습니다. 이제 저는 맛난 음식을 먹을 때면 늘 생각나는 사람이 식구와 제자들이 될 정도로 학생들을 깊게 사랑하게 되었습니다. 그런데 "사랑이 깊으면 외로움도 깊다"고 했던가요? 그 사랑의 깊이만큼 제자들과 생활하면서 겪은 아픔도 깊었습니다.

사는 것이 너무나 힘들다고 갖가지 모습으로 아픔을 호소하는 학생들, 여러 가지 이유로 학교 오는 것이 싫다는 제자들, 심지어 학교를 떠나고 싶다고 몸부림치며 우는 이팔청춘들과 계속 제자리를 맴도는 이야기만 주고받아야 했던 시간들. 오토바이를 타고 거리를 폭주하는 친구들을 보면 행여 우리 학교 아이가 아닐까 하고 물끄러미 바라보면서 길게 내쉬던 한숨. 술집에서 호객 행위를 하는 제자를 학교로 돌아오게 하기 위해 단란주점 지배인과 서로 멱살을 잡고 언성을 높였던 기억. 공부를 하고 싶은데 부모님이 심하게 다퉈서 어쩔 줄 몰라 하는 제자와 함께 도서관에서 새운 사흘 밤. 춤을 잘 못 추는데 친구들의 농담을 진심으로 여기고 백댄서가 꿈이 되어버린 제자와 함께 교실에서 새벽 두시까지 온몸을 흔들면서 추었던 춤. 대학에 합격했다고 거짓말한 뒤 부모님께 등록금을 타내서 강원도로 도망간 제자를 찾아낸 뒤, 제자의 가정 이야기를 듣고 고개 숙인 채 혼자 돌아와 기차역에서 문득 바라보던 달……

아! 가슴에 묻어버린 제자들에 대한 아픈 기억들은 더 있습니다. 시험 압박감에 시달리다 아파트에서 뛰어내린 제자, 장애를 겪다가 저세상으로 스스로 먼저 가버린 제자, 성적이 좋지 않아 중학교 졸업 뒤 중국집 배달부로 일하던 첫날 교통사고를 당해 하늘나라로 떠나간 제자, 천안함 사건 때 잠수함 속에서 죽어간 제자……

어린 자식이 병마와 싸울 때, 바라만 봐야 하는 어머니의 마음이 어떤지, 저는 무너지는 제자들을 바라보면서 짐작하게 되었습니다. 세상과 정면승부하고 있는 제자들 앞에서 교사는 참 부족한 존재라는 생각을 하며 마음이 무너져 내리던 어느 날, 제 몸이 신호를 보냈습니다. 심장이 망가지고, 간이 망가진 것입니다. 학교를 휴직하고 병원에서 몸을 다스리면서 저는 이대로 삶을 엮어나갈 수 없겠다는 생각을 하게 되었습니다. 그리고 제가 지독하게 '순교자 콤플렉스'에 시달리고 있다는 것도 알게 되었습니다.

그러던 중 제 모교인 대광고등학교 선배이기도 한 고려대학교 심리학과 한성열 교수님께서 저에게 상담 공부를 해보라고 권유하셨습니다.

"문 선생, 자네 그대로 있다간 죽어. 대학원에 와서 마음 공부부터 해."

저는 지금도 약주를 드시고 약간 취한 목소리로 거듭 반복해서 권유하던 그날의 교수님 말씀을 잊을 수 없습니다. 그 말은 3년 전부터 저를 만날 때마다 교수님이 하신 말씀이기도 했습니다. 그래서 저는 고려대학교 교육대학원 상담심리학과에 입학하게 되었고, 그곳에서 사람 마음을 보는 법을 배우게 되었습니다. 제자들을 바라볼 때 안타까운 마음이 들던 이유 중 많은 것이 제 내면에 있었음을 깨달았고, 그 친구들이 왜 그런 행동을 하게 되었는지 그 밑마음을 비로소 이해하게 되었습니다.

이 책에는 그렇게 교단에서 스물두 해 동안 지내온 한 교사가 학생들과 생활하면서 무엇을 해야 할지 알게 된 이야기들이 적혀 있습니다. 조금 구체적으로 말씀드리면 교내에 있는 생활관에서 청소년 집단 상담의 성격을 띠고 있는 '효도의 길'이라는 프로그램을 진행하면서 경험한 사례들, 학생들이 걸어갈 길의 의미에 대해 함께 고민을 나눈 '진로 상담'과 관련된 이야기들, 그리고 학생의 깊은 마음까지 내려갔다 올라온 '개인 상담'과 관련된 일화들을 여러분은 만나게 될 겁니다. 그리고 그 사례를 통해 학생과 학부모, 그러니까 부모와 자식이 어떻게 만나야 하는지에 대한 저의 작은 깨달음과 소신, 그리고 부모님들이 자식과 어떻게 만나는 것이 아름다운 것인지에 대한 생각도 발견하게 될 것입니다.

열정만 있던 교사가 이제 조금은 더 깊게 제자들을 바라보면서 "내가 행복해서 그들이 행복하게" 된 것처럼 부모님과 청소년들도 이 책을 통해 가정에서 행복할 수 있었으면 좋겠다는 소망도 함께 담았습니다. 아, 그러나 혹 너무 큰 기대는 하지 마십시오. '상담 교사가 되는 기술'이나 '자녀들을 완벽하게 이해하는 부모가 되는 방법' 같은 것이 담겨 있는 것은 아니니까요. 허나 어쩌면 이 땅의 청소년들을 바라보는 눈이 좀 더 깊어질 수는 있을 것입니다. 그들을 한갓 '학생'이 아니라 똑같은 '사람'으로 보는 눈 말입니다.

이제 저는 스물두 해 동안 정든 학교를 떠납니다. 건강이 계속 악화되어 더 이상 교단에서 근무를 할 수 없게 되었기 때문입니다. 저에게는 지금 상황이 또 다른 의미의 '졸업'이라 생각을 하기에 마음이 그리 불편하지는 않습니다. 저는 이제 우선 제 몸과 마음의 건강을 다독거리면서, 그동안의 배움을 바탕으로 학교 밖 세상에서 콧노래 흥얼거리며 '청소년 상담'과 관련된 일을 하며 청소년들을 만나보려고 합니다. 그러므로 이 책을 세상에 내어놓는 일이 저에게는 학교를 떠나는 인사와 새로운 세상을 시작하는 인사를 동시에 드리는 작업이기도 합니다.

이 책을 세상에 내어놓으면서 가장 감사한 분은 위에 언급한 고려대학교 한성열 교수님입니다. 선생님께 지면을 빌어서 감사의 큰절을 올립니다. 그리고 수업 시간마다 큰 울림을 주신 고려대학교 고영건 교수님께도 깊이 고개 숙여 인사를 드립니다. 여기 적힌 글들은 두 분의 수업을 저 나름대로 풀어서 다시 세상에 전달한 것이라고 해도 과언이 아닙니다. 아마 두 분의 가르침이 없었다면 제 자신 마음의 건강도 회복하지 못했을 것이고, 이 책 또한 세상에 내놓을 수 없었을 것입니다.

그리고 저에게는 늘 마음의 고향처럼 여겨지는 샨티출판사의 식구들과 깊은 포옹을 나누고 싶습니다. 부족한 사람의 글을 멋진 책으로 꾸며주셔서 참으로 감사드립니다.

마지막으로 두 여인에게 고마운 마음을 전하고 싶습니다. 못난 아들을 위해 평생 힘든 삶을 잘 이겨내며 살아오신 어머니 서영숙 여사와, 부족한 남편 때문에 가슴 졸이면서도 옆에서 늘 힘이 되어준 아내 권명성을 제 삶에서 만난 것은 큰 행운이었음을 이 책을 쓰면서 깨닫게 되었습니다. 가족으로 함께 있어준 아내와 어머니에게 사랑한다고 고백합니다.

2011년 여름
문경보

추천사

'상담相談'이란 한자를 살펴보면 '담談'은 '화가 쌓인 것(炎)을 말(言)로 푸는 것'이라 새길 수 있으며, 그 말은 혼자 하는 말이 아니라 '서로(相) 나누는 대화'라 생각할 수 있습니다. 그런데 한 걸음 더 들어가서 '상相'이란 한자를 보면, '나무(木)를 바라보는 눈(目)'이라 풀어낼 수 있습니다. 그래서 상담은 '마음에 쌓인 것을 서로 대화로 풀어내는 일인 동시에 나무가 자라는 것을 바라보는 일과 같은 것'이라고 해석할 수도 있습니다.

나무를 기르는 것과 같은 일 중 하나가 바로 교육입니다. 그 교육 현장에서 학생들과 상담을 한 이야기를 문경보 선생이 《외로워서 그랬어요》란 제목의 책으로 담아냈습니다. 그동안 문경보 선생이 펴낸 여러 권의 교단 수필집을 통해 그가 제자들에 대한 열정과 사랑이 넘치는 교사라는 것을 알고 있었습니다. 그러나 그의 열정이 때론 지나쳐서 자신의 건강까지 해치는 것을 보고, 나는 그의 몸과 마음의 건강을 많이 염려하였습니다. '완벽한 교사'가 되기보다는 '적당히 좋은 교사'가 되는 것이 더 행복할 수도 있음을 그가 알기를 원했습니다.

그러던 중 이 책의 추천사를 쓰기 위해 원고를 읽으면서 문경보 선생의 마음이 많이 건강해지고, 내려놓음의 지혜도 익혔으며, 순교자가 아닌 중간자 역할을 하면서 '적당히 좋은 사람'으로서 삶을 시작했음을 알게 되어 기쁩니다.

'생활관'과 '상담실' 그리고 학교 곳곳에서 벌어지는 그의 상담 교사로서의 역할은 사실 그리 전문적이지는 않습니다. 또 어색한 장면도 곳곳에, 심지어는 차갑게 지적해 주고 싶은 내용도 보입니다. 그럼에도 그 소박한 상담의 장면을 담은 글들이 참 소중하게 느껴지고 깊은 울림을 주는 것은 제자들과 '참만남'을 가질 수 있는 문경보 선생의 '깊은 사랑' 때문이라 생각합니다. 아마 그 '사랑'은 그가 상담의 길을 걸어가는 동안 가장 강력한 에너지가 될 것입니다.

이 책은 여러 모로 힘겨워지는 교육 현장에서 근무하는 선생님들께 작은 희망을 심어줄 것이고, 자녀들 문제로 고심하는 학부모님들께도 많은 깨달음을 줄 것이라 생각합니다. 무엇보다도 우리 청소년들이 이 책을 읽는다면 자신의 문제를 정리하는 힘을 찾을 수 있겠다는 생각이 듭니다. 또한 이 책은 상담의 영역을 넓혀서 일반인들이 쉽게 상담과 만날 수 있도록 하는 귀중한 역할을 감당하겠구나 하는 기대도 품게 됩니다.

책 곳곳에서 제자들의 문제를 직접 해결해 주기보다는 그들과 함께 가면서 기꺼이 악역도 마다하지 않은 문경보 선생의 밑마음이 보여 참 아름답게 느껴집니다. 이제 막 시작한 그의 여정이 가볍게 오래 갈 수 있기를 기원합니다.

고려대 심리학과 교수
한성열

차례

책머리에 · 5

추천사 · 12

1. 그래, 힘들었구나, 무서웠구나, 참 많이 외로웠구나

외로운 양치기 소년 · 20

재심자와 딸기 우유 · 28

전 상복 입을 자격이 없어요 · 36

아버지 쌍둥이 아들 쌍둥이 · 42

여자보다 귀한 것은 없네 · 51

있잖아, 난 너밖에 안 보여 · 60

구라 까지 마 · 68

기우제, 그 기나긴 여정 · 76

친구들이 모두 저를 떠나요 · 82

2. 그건 네 잘못이 아니야, 넌 너의 인생을 살아,
   네 자신을 먼저 사랑해

그 친구는 여기 없단다 · 94

저도 사랑해 주세요 · 100

평범하게 키워주셔서 감사합니다 · 108

10초 · 113

아버지보다 힘이 셌다면 · 122

그건 너의 잘못이 아니야 · 129

담배를 끊어야 하는 이유 · 138

죄인과 해결사 · 146

함께 울어 행복한 시간 · 152

3. 가슴에 귀를 기울여봐. 하고 싶은 그 일이 칭찬받고
싶어선지, 네가 정말 좋아선지, 느껴봐

소릿길을 닦는 사람 · 162

연주를 하면 눈물이 나는 이유 · 167

제자리 찾기 · 179

너, 심장이 뛰고 있니? · 186

토룡과 성자 · 192

단 한 사람 · 197

인정받고 싶어요 · 203

스승보다 나은 제자 · 214

1.

그래, 힘들었구나,
　　무서웠구나,
참 많이 외로웠구나

외로운 양치기 소년

"이번에는 정말이에요! 누가 와서 좀 도와주세요!"
겁이 난 양치기 소년이 마을로 달려가 울며 소리쳤지만
마을 사람들은 아무도 들은 체하지 않았어요.
양치기 소년의 말이 또 거짓이라고 믿었기 때문이에요.
결국 양들은 늑대에게 다 잡아먹히고 말았지요.
- 이솝 우화 〈양치기 소년의 거짓말〉에서

최 선생님,

이솝 우화에 나오는 양치기 소년은 왜 늑대가 왔다고 거짓말을 했을까요? 왜 생뚱맞게 이런 이야기를 하냐고요? 조금만 마음을 가라앉히고 제 말 좀 들어주시겠어요? 어쩌면 우스꽝스럽게 들릴지도 모르겠지만, 거짓말이란 게 용기와 지혜가 있어야 할 수 있잖아요. 그러니까 아이들이 거짓말을 하기 시작한다는 것은 사실 그만큼 성장했다는 증거로 볼 수도 있겠죠. 양치기 소년이 거짓말을 했다는 것도 그 친구에게 지혜와 용기가 있어서라고 생각할 수 있겠지요. 거기다 목동이라는 직업까지 갖고 있으니 생활력까지 갖춘 친구인데, 그런데 도대체 무엇 때문에 거짓말을 반복해서 했을까요?

그건, 그건 말이에요…… 어쩌면 외로움 때문이 아니었을까요? 산 위에서 긴긴 시간 홀로 보내야 하는 그 외로움 말예요. 거짓말을 한 사실이 밝혀지면 자신이 어떤 대접을 받을지 뻔히 알면서도 사람들이 보고 싶어서, 그 절절한 외로움 때문에 그 친구가 그런 행동을 한 건 아닐까요? 허겁지겁 산으로 달려간 마을 사람들 중에는 어른도 많았을 텐데, 왜 양치기 소년의 마음을 헤아려서 등을 다독거려주지도, 따스한 위로의 말 한 마디 건네주지도, 아니면 우스갯소리라도 한 자락 풀어내 주지 못했을까요?

무엇 때문에 거짓말하는 건 나쁘다는 도덕의 잣대만 날카롭게 들이대며 버럭버럭 화만 냈을까요? 어쩌면, 어쩌면 말이에요, 그것은 올

바름에 대해 가르치려는 마음보다는 자신들의 손상된 자존심 때문에 그런 건 아니었을까요? 우리가 가끔 학교에서 제자들에게 그럴 때가 있는 것처럼 말이에요. 결국 그 때문에 양치기 소년은 무서운 살육 상황 속에 혼자 남게 되었죠. 과연 그 양치기 소년에게 외로움과 함께 공포감과 좌절감, 그리고 세상에 대한 분노까지 품게 만든 것은 누구일까요? 마땅히 양치기 소년 혼자서 모두 치러야 할 대가였을까요? 더구나 양치기 소년이 돌보던 양들은 어쩌면 그 소년의 소유도 아니었을 텐데 말예요.

최 선생님,

어제 선생님께서는 같은 반 친구의 지갑을 훔친 영균이와 대화를 나누다 지쳤다고 말씀하셨습니다. 선생님은 이런저런 이야기를 영균이에게 건넸지만 영균이는 아무런 대꾸도 하지 않았지요. 선생님은 영균이가 어머니도 안 계시고 아버지는 병원에 입원해 있어서 학부모에게 연락하기도 힘들다면서 짜증이 나기까지 한다고 저에게 말씀하셨습니다.

그런데요 선생님, 제 귀에는 다른 소리가 들렸답니다. 정확히 말씀드리면 영균이와 선생님의 마음이 보였다고나 할까요? 침묵하는 영균이의 등에서 '관심받고 싶어요. 외로워요. 사는 게 너무 힘들어요……' 하는 갖가지 힘겨운 소리들이 사방으로 뿜어져 나오는 것이 보였답니다. 영균이를 돌려보내고 나서 커피를 진하게 타 마시면서 의자에 털썩 주저앉은 선생님의 모습에서는 제자에 대한 사랑과 안타까워하는 마음이 보였고요.

선생님, 죄송해요. 제가 선생님께 월권을 했습니다. 선생님께서 영균이와 상담을 해달라고 요청하지도 않았는데, 또 아직 생활지도부에서 영균이 문제로 어떤 논의도 하지 않은 상태인데 제가 그냥 기다릴 수 없어서 영균이를 따로 만났답니다.

영균이는 이를 악물고 몸을 잔뜩 웅크린 채 독기를 뿜어내고 있었어요. 아마 제가 도난 사건에 대한 조사를 따로 하는 줄 알았던 것 같습니다. 제가 건네는 사탕도 손에 움켜쥐고만 있더군요. 영균이의 마음속에 있는 벌벌 떨고 있는 또 다른 영균이를 안쓰럽게 바라보면서 제가 영균이에게 물었습니다.

"영균아, 네가 지갑을 훔친 사실을 알면 누가 가장 힘들어할까?"

영균이는 의외의 질문에 저를 가만히 바라보았습니다. 저는 다시 한 번 천천히 그리고 낮은 목소리로 물었지요.

"남의 물건을 훔친 너를 보고 가장 화가 나고 마음 아파할 사람은 누구일까?"

영균이와 저 사이에 침묵이 흘렀습니다. 그리고 영균이의 굳어진 어깨가 풀리는 것이 느껴졌습니다. 영균이가 얼굴을 붉힌 상태로 자그마하게 이야기하더군요.

"아버지가 힘들겠죠."

"아버지…… 아버지가 가장 힘들어할 거라고 영균이는 생각하고 있구나."

영균이와 저 사이에 다시 침묵이 흘렀습니다. 영균이의 손에서 사탕이 떨어진 지 이미 오래였어요. 깍지 낀 영균이의 손 위로 눈물이 한두 방울 떨어지기 시작했습니다. 저는 또 천천히 말했습니다.

"그럼, 영균이가 아버지에게 가장 듣고 싶은 말은 뭐니?"

한참을 가만히 앉아 있던 영균이가 긴 한숨을 뱉으며 이렇게 말했습니다.

"아버지는 저에게 미안하다고 말해야 돼요. 아버지는 저에게 잘못한 게 너무 많은 사람이에요. 왜 엄마를 집에서 나가게 해요? 지겨웠어요. 아버지에게 매를 맞는 것도, 술 먹고 아버지가 들어온 날 친구 집으로 도망가서 자는 것도 이젠 지겨워요. 아버지는요, 아니 그 인간은요, 저에게 '미안하다'는 말을 천만 번도 더 해야 되는 사람이에요."

"그랬구나. 영균이는 아버지가 미워서 도둑놈 소리를 들으면서라도 아버지가 힘들어지는 모습을 보고 싶었구나. 그래서 그랬구나."

영균이는 고개를 끄덕였습니다. 저는 영균이 앞쪽에 의자를 하나 가져다놓았지요.

"영균아, 여기 아버지가 앉아 계시다고 생각하렴. 그리고 아버지에게 하고 싶은 말을 한번 해봐."

의자를 바라보던 영균이는 고개를 푹 숙이면서 아무 말도 할 수 없다고 했어요. 그러더니 온몸을 벌벌 떨기 시작하더군요.

"아버지가 어떤 모습으로 계시니?"

"무서운 표정을 지으면서 저를 노려보고 계세요."

"무서운 표정으로 너를 노려보고 계셔? 언제 그런 모습이셨어?"

"제가 초등학교 3학년 때, 그때 아버지 표정은 늘 무서웠어요. 그때가 엄마가 집을 나간 때였거든요."

"그럼, 과거의 아버지 모습이네. 그동안 시간이 많이 흘렀는데…… 너도 많이 컸고, 아버지도 연세가 많이 드셨는데……"

또 한동안 침묵이 흘렀습니다. 영균이의 입에서 조그만 소리가 흘러나오기 시작했어요.

"아버지, 왜 그러셨어요?"

나는 영균이의 말을 흉내 내며 큰소리로 그 말을 반복했습니다.

"아버지, 왜 그러셨어요?"

"아버지 드시라고 밥을 했는데 왜 밥상을 발로 걷어차요?"

"왜 밥상을 발로 걷어차요?"

"아무리 술이 취했어도…… 난 그때 겨우 5학년이었는데……"

"난 그때 겨우 5학년이었는데, 겨우 5학년이었는데……"

영균이의 소리가 점점 커지기 시작했습니다.

"왜 그랬어요? 왜 그랬어요? 왜 그랬냐구요?"

그리고 마침내 영균이가 대성통곡을 하기 시작했어요. 저는 영균이가 마음껏 울도록 바라만 보고 있었습니다. 영균이의 울음이 잦아들자 저는 영균이가 바라보고 이야기하던 그 의자에 앉았습니다. 저는 영균이의 아버지는 아니었지만 아버지를 대신해서 말을 해주고 싶었습니다. 저는 영균이를 향해서 두 팔을 활짝 벌렸습니다. 그러나 영균이는 제 품에 안기지 않고 어린아이처럼 엉금엉금 기어와서 다리를 붙잡고 울기 시작했어요. 저는 영균이 머리를 쓰다듬으며 말했습니다.

"그래 영균아, 미안하다. 너 정말 힘들었구나. 미안하다, 영균아. 이 아버지가 정말 미안하다."

제 다리를 붙잡고 한참을 울던 영균이가 그러더군요.

"아버지, 죄송해요. 불편한 다리로 일하면서 절 공부시키느라 늘 힘드셨는데…… 아버지, 정말 죄송해요."

영균이가 다시 통곡하기 시작했습니다.

"그랬구나. 영균이는 아버지가 무섭기만 해서 말을 못 한 것이 아니었구나. 아버지 다리가 불편해서, 힘든 일이 있어도 아버지가 힘들어할까 봐 아무 말 못 하고 꾹 참았구나. 그건 우리 영균이 탓이 아닌데…… 미안하다, 영균아. 미안해. 네가 그렇게 힘든 줄 아버지는 정말 몰랐다. 미안하다, 미안하다."

영균이는 소처럼 붉은 울음을 울기 시작했어요. 그렇게 한참을 울던 영균이가 저를 힘껏 껴안으면서 이렇게 말하더군요.

"아빠, 사랑해요."

'아빠'라고 했어요. 그 덩치 큰 놈이 아빠라고 했어요. 아빠라고……

예, 최 선생님.

여기까지가 영균이와 나눴던 이야기랍니다. 저는 그 친구가 지갑을 훔친 것에 대해 용서해 주자는 이야기는 하고 싶지 않습니다. 오히려 교칙에 따라 절차를 거쳐 정확하게 처벌하기를 바랍니다. 그러나 그 친구의 마음에는 계속해서 귀를 기울여줄 수 있었으면 좋겠습니다. 선생님과 저는 그래도 이 땅에서 스승이라는 소리를 듣고 살아가는 사람들 아닌가요? 영균이와 같은 친구들을 더 이상 외로운 양치기로 만들어서는 안 되는 그런 자리에 있는 사람들 아닐까요?

그리고 말입니다. 어쩌면 선생님과 저도 위로가 필요한 양치기 소년들이 아닐까요? 진정한 사람 한 명 만나기를 애절하게 바라는, 외로운 양치기 소년들…… 아닐까요? 전…… 그렇거든요. 이제 사람을 잃어버리는 일은 그만하고 싶은 외로운 양치기거든요.

제삼자와
딸기
우유

결혼, 축하해요. 난 그대들이 서로에게 거울이 되었으면
좋겠어요. 백설 공주 이야기에 나오는 거울처럼
똑똑하고 분명하게 말할 줄 몰라도 괜찮아요.
상대방이 먼지 묻은 모습으로 서 있으면 먼지 묻은 모습 그대로,
꽃다운 미소를 머금고 있으면 미소 머금은 모습 그대로
비춰주는 그런 거울이 되어 함께 길을 걸어갔으면 좋겠어요.
오랜 세월 흐른 어느 날, 문득 서로를 돌아봤을 때
함께 있어준 것이 고마워 흐르는 눈물로 서로를 닦아주는
'사람'으로 서로에게 남아 있었으면 좋겠어요.
- 지인에게 보낸
결혼 축하 편지에서

"선생님, 왜 자꾸 아침에 전화해서 우리 엄마를 깨우세요? 엄마는 밤새워 일하고 새벽에 들어오신다구요. 아침에 주무셔야 밤에 또 일을 나갈 수 있다구요. 학교에 지각하는 것은 제 일이잖아요. 저에게 야단치면 되지, 왜 아침마다 전화해서 우리 엄마에게 제가 자주 지각한다고 말씀하세요? 왜 우리 엄마 힘들게 만드냐구요!"

고등학교 2학년 인식이가 담임선생님에게 내지르는 소리가 교무실 전체를 울렸다. 여선생님인 젊은 담임선생님은 어이없는 표정으로 아무 말도 못하고 있었다. 옆자리의 나이 지긋한 선생님께서 점잖게 타이르셨다.

"이 친구야, 자네도 그렇게 화낼 이유가 있겠지만, 담임선생님께서 자네를 생각해서 전화를 하신 것인데 그렇게 소리를 크게 질러대면 어떻게 하나? 그리고 여기가 교무실이란 생각도 해야지."

밤새 잠을 못 잤는지 눈에 핏발이 잔뜩 서 있는 인식이는 자신에게 충고하는 선생님께 더 큰 소리로 말했다.

"제삼자는 빠지세요."

순간, 교무실에 정적과 냉기가 흘렀다. 인식이는 눈에 잔뜩 힘을 주고 주먹을 쥔 채 온몸을 부들부들 떨었다. 젊은 선생님 몇 분이 험악한 표정이 되어 자리에서 일어나려 하고 있었다.

옆에서 계속 이야기를 듣고 있던 나는 인식이를 번쩍 들어 교무실 밖으로 나왔다. 내 품 속에서 몸부림치는 인식이를 억지로 끌고 교무실 밖으로 나왔다. 그리고 운동장으로 나와 교무실에서 멀리 떨어진 나무그늘까지 끌고 가서 의자에 앉혔다. 인식이를 그대로 교무실에 두었다간 인식이가 교무실에 있는 '제삼자들'에게 집중 포화를 맞을 것 같아서였다. 아니 어쩌면 집중 포화를 맞기도 전에 인식이 스스로 거품을 물고 쓰러졌을지도 몰랐다. 인식이가 점점 공격적으로 변한 것은 그만큼 두려움을 크게 느끼고 있다는 뜻이기도 했다.

그것은 선생님들의 입장도 마찬가지였다. '제삼자'란 표현을 듣는 순간 선생님들의 마음 깊은 곳에는 자신들이 '사람'이 아닌 '물건' 취급을 받았다는 생각이 들었을 것이다. 그것도 제자에게 그런 취급을 받았을 때 선생님들의 마음은 상할 대로 상하고 분노가 순간적으로 솟구쳐 올라왔을 것이다. 그런 마음으로 교무실에서 고성이 오가면 교무실은 배움의 장소가 아니라 포효하는 짐승들만 가득한 정글이 될지도 몰랐다.

인식이는 분이 풀리지 않는지 혼자서 계속 뭐라고 중얼거리고 있었다. 나는 그 옆에 한참 동안 아무 말 없이 앉아 있었다. 어느 정도 시간이 흐른 뒤 인식이는 중얼거리는 것을 멈추고 흘낏 나를 쳐다보았다.

"괜찮아. 난 어차피 신경 안 쓰니까 하고 싶은 소리 다 질러봐. 여기 너하고 나밖에 없잖아."

조금 뜸을 들이던 인식이는 다시 계속해서 중얼거리기 시작했다.

쌍스러운 소리까지 섞어가면서 소리를 질러댔으나 이미 그 목소리에는 기운이 없었다.

나는 가능하면 인식이 편에 서 있으면서 동시에 인식이가 처해 있는 상황을 객관적으로 보여주고 싶었다. 그래서 인식이가 하고 있던 '혼자 중얼거리기' 방법을 그대로 사용해 다른 선생님들의 마음이 어떤지 인식이한테도 들려줘야겠다고 생각했다. 인식이가 말을 멈추고 물끄러미 바닥을 바라보는 모습을 보고 내가 소리를 질렀다.

"아! 더러워서 선생 못해먹겠네. 내가 머리에 피도 안 마른 놈에게 이렇게 무시당하면서 선생 노릇을 계속 해야 하나!"

인식이는 갑자기 멍청해진 얼굴로, 그리고 약간은 긴장된 표정으로 나를 쳐다보았다. 나는 씩 웃으며 말했다.

"놀라지 마. 그냥 네 담임선생님이랑 너에게 제삼자 취급을 받은 선생님들 마음이 그러실 것 같아서 나도 한번 소리 질러본 거야. 너만 중얼거리니까 나도 심심해서 그냥 말해본 거야. 너무 마음에 두지 말고 너도 하고 싶은 말 있으면 더 해라."

"아니에요. 하고 싶은 말 없어요. 선생님…… 죄송해요."

"내가 괜히 너 말 끊었나 보다. 더 소리 질러야 마음이 후련할 텐데……"

또 한참의 시간이 흘렀다. 인식이의 눈에서 조금씩 눈물이 흘러

땅바닥을 적시기 시작했다. 그때 내가 다시 소리를 질렀다.

"아! 쌩! 어른들이 개야? 개도 아니면서 왜 개떼처럼 덤벼들고 난리야! 지들이 교무실에 갈 때까지, 담임 앞에서 그 말 하기까지 내가 얼마나 힘들었는지 알기나 해? 아무것도 모르면서 왜 여럿이서 나를 공격하고 지랄들이야. 나쁜……"

내가 내뱉는 거친 소리를 듣던 인식이의 얼굴에 슬며시 웃음이 돌았다. 왜냐하면 그것은 방금 인식이가 했던 말을 그대로 흉내 낸 것이기 때문이다. 인식이가 조금 평온한 마음이 되자 나는 일종의 '거울기법'을 응용해 인식이의 모습을 그대로 보여주었다. 인식이의 잘못을 꾸짖기 위해서라기보다는 인식이 자신이 얼마나 화가 나 있었는지를 알려주고 싶어서였다. 물론 인식이의 감정이 가라앉기도 전에 그 감정을 되비쳐주었다면 인식이는 거부감을 느꼈을지도 모른다.

자신의 발 아래 있는 작은 민들레를 한참 바라보던 인식이가 가라앉은 목소리로 속삭이듯 말했다.

"선생님, 실은 어제 엄마가요……"

인식이는 말을 이어나가지 못하고 고개를 숙이더니 울먹이기 시작했다. 나는 울음을 토해내지 못하고 꺽꺽거리는 인식이의 등을 쓰다듬으며 괜찮으니 마음껏 울라고 했다. 인식이는 내 품에 기대어 아주 큰 소리로 한참을 울었다. 그러고 나서 깊은 숨을 몰아쉬더니 이야기를 시작했다.

"엄마가 어제 일하던 식당에서 쫓겨났어요. 그래서 안 드시던 술까지 드셨어요. 그런 상황인데 담임선생님께서 전화를 하신 거예요. 계속 전화기에 대고 굽실거리는 엄마를 봤죠. 자식 때문에 무슨 죄인처럼 구는 엄마를 보니까 화가 났어요. 엄마에게 도움도 못 드리면서 불편하게 만든 제가 너무 미웠어요. 그래서 담임선생님께 화를 낸 거예요. 괜히 담임선생님께 화를 낸 거죠. 사실 담임선생님께 그러면 안 되는데, 옆자리 선생님께도 그렇고, 다 제가 잘못했고, 다 저 잘되라고 말씀하신 건데……"

인식이는 다시 울음을 쏟아냈다. 나는 인식이의 등을 계속 쓸어주면서 덩치 큰 고등학교 남학생이 이렇게 작고 예쁘게 보일 때가 있구나 하고 생각을 했다. 인식이의 울음이 멎었을 때 내가 말했다.

"그랬구나. 그러지 않아도 힘든 엄마를 네가 더 힘들게 해서, 엄마에게 너무 죄송해서 그랬구나. 인식이는 정말 엄마를 사랑하고 있구나. 그리고 선생님들께도 '우리 엄마 힘들어요. 우리 엄마 도와주세요' 하고 말씀드리고 싶었구나. 그런데 그만 너무 흥분해서 인식이가 행동과 말을 잘못했고, 그것 때문에 인식이가 힘들어하고 있구나. 선생님들을 미워하는 것도 아닌데, 선생님들께 함부로 행동한 것 때문에 네가 지금 무척 맘이 아프구나. 그랬어. 인식이 마음속에는 선생님들을 사랑하는 그런 마음이 있었구나."

인식이가 고개를 숙인 채 끄덕였다. 나는 인식이의 손을 잡고 조용히 말했다.

"그런데 인식아, 네가 이건 아직 모르는 것 같다. 엄마는 자식을 위해서라면 수백 번이라도 굽실거릴 수 있어. 그게 엄마란다. 그리고 선생님들은 모든 것에 완벽한 제자보다 어떤 일이 있고 난 뒤 성장하는 제자, 어른스러워지는 제자를 더 원한다는 사실을 인식이가 알았으면 좋겠어. 네 나이 때는 오늘처럼 할 수 있어. 다만 내일 네가 선생님들께 어떻게 하느냐가 더 중요한 거야. 그러니까 네가 너무 미안해하고 힘들어하지 않았으면 좋겠어. 알겠니?"

인식이가 고개를 들어 나를 바라보았다. 그리고 다시 고개를 끄덕였다. 나는 그런 인식이를 꼭 껴안고 이렇게 말했다.

"그리고 솔직히 난 네가 이렇게 효자이고 마음 따뜻한 친구인 줄 몰랐다. 늘 문제만 일으키는 친구인 줄 알았거든. 그동안 너를 제대로 몰라본 선생님들과 학교 안에서 함께 생활하기가 얼마나 힘들었을까? 인식아, 참 미안하다."

인식이가 내 품에서 벗어나 고개를 흔들었다. 그리고 내 눈에 흐르는 눈물을 보고는 흠칫 놀라더니 다시 조그맣게 울음소리를 내기 시작했다. 그렇게 운동장 한 구석에서 제자와 스승은 서로의 마음 깊은 곳까지 다독거리는 시간을 가졌다.

다음날 아침, 인식이는 딸기 우유 세 개를 가지고 교무실로 들어섰다. 어머니께서 우유 배달을 하기 시작해서 갖고 온 것이라고 하면서 내 자리에도 하나를 갖다놓았다. 나이 지긋하신 선생님께는 구십도 각도로 인사를 하며 딸기 우유를 드리자 선생님께서는 인식이의 머리를 쓰다듬어주셨다. 옆자리에서 담임선생님과 우유를 나눠 마시면서 다정하게 이야기를 나누는 인식이를 보면서 마시는 딸기 우유의 맛은 참 달콤했다.

전 상복 입을
자격이
없어요

40년 전 일입니다. 일곱 살이었던 나는
엄마에게 매를 맞고 할머니 집으로 도망갔습니다.
할머니는 나의 눈물 섞인 하소연을 다 들으신 뒤
그 당시 먹기 힘들었던 라면을 끓여주셨습니다.
맛나게 라면을 먹고 한 잠 푹 자고 난 나의 손을 잡고
할머니는 엄마에게 갔습니다. 할머니는 화를 내지 않으셨습니다.
그저 며느리의 손을 잡고 "힘들지? 남편 군대 보내고,
저 어린 것 키우느라 힘들지?" 하고 말씀하셨습니다.
엄마는 울었습니다. 나는 그때 때리지 않고도
사람을 울릴 수 있는 우리 할머니가 마술사 같았습니다.
그 할머니가 그리워지는 날입니다.
- 할머니 제사를 지내고 난 어느 날의 일기

장례식장에 들어서자마자 내가 처음 만난 것은 욕설이 섞인 거친 소리였다.

"아! 상복 안 입는다니까 왜 그래요? 아저씨들이 뭘 안다고 나보고 이래라저래라 하는 거예요?"

술에 취한 채 장례식장 바닥을 뒹굴고 있는 스무 살 청년은 중학교 시절의 내 제자였다. 부모님이 일찍 돌아가셔서 그 친구는 할머니 품에서 자랐다. 할머니는 시장 노점에서 도라지를 까서 팔며 겨우 생계를 유지했다. 내 제자는 중학교 때 사춘기의 열병을 앓느라 할머니를 무척이나 힘들게 했다.

그 친구가 결석하는 날이면 할머니께서 내게 전화를 해서 손자가 몸이 아파 오늘 학교에 가지 못한다고 하셨다. 그러다가 사흘쯤 지나면 교무실에 와서 내 손을 붙잡고 울면서 손자를 찾아달라고 말씀하셨다. 사방에 수소문을 해서 겨우 녀석을 찾아내면 그 친구는 주로 학생이 가서는 안 될 곳에 가 있었고, 학생이라고는 볼 수 없는 모습과 행동을 하고 있을 때가 많았다. 그때마다 할머니는 어이없는 표정을 짓거나 화를 내고 있는 나를 무시하고 손자의 얼굴을 쓰다듬으면서 어서 집에 가서 밥 먹자는 말만 되풀이하셨다.

그런 할머니의 눈물겨운 정성과 맹목적인 사랑 덕분에 그 친구는 중학교를 졸업할 수 있었다. 그러니까 그 친구를 졸업시킨 힘은 순전히 할머니의 눈물과, 관절염에 시달리는 할머니의 손마디, 다리를 절

뚝거리며 교무실 문을 나서는 할머니의 뒷모습에서 나온 것이었다. 그 할머니께서 돌아가셨다고 지난밤에 제자는 술에 취해 울면서 나에게 전화를 했다.

장례식장은 참 쓸쓸했다. 동네 어르신 두 분과 제자만 있었다. 나는 공손하게 어르신들께 인사를 드렸다. 그리고 괴성을 계속 질러대고 있는 제자의 이름을 크게 불렀다. 제자는 나를 보자 무릎으로 기어와서 나를 껴안더니 횡설수설 말을 쏟아내기 시작했다.

"선생님, 할머니가 죽었어요. 되게 좋을 거예요, 그죠? 이젠 손주놈 때문에 울지 않아도 되잖아요. 선생님, 그거 아세요? 우리 할머니 치매 걸렸던 거. 모르시죠? 할머니가 집을 나가면 길을 잃고 집에 돌아오지 못해서 길바닥에 주저앉아 있던 거, 모르시죠? 근데요, 전 알 수 있었어요. 우리 할머니가 어디 있었는지 아주 잘 알 수 있었어요. 할머니는 늘 아버지랑 어머니가 교통사고로 돼진 용두동 사거리에 앉아 계셨어요. 거기서 지나가는 차들을 노려보면서 욕설을 퍼붓고 계셨어요.

선생님, 그런데요, 그런데 말이에요, 나는 할머니가 어디에서 무슨 지랄을 하고 있는지 알 수 있었는데요. 제가 중학교 때 한참 놀 때, 그때 우리 할머니는 제가 어디 있는지 몰랐어요. 그냥 울면서 동네를 뒤지고 다녔어요. 다리 절뚝거리면서, 비 맞으면서 제 이름 부르며 울고만 다녔어요. 난 그때 할머니 소리를 듣고도 그냥 숨어 있었던 때가 많았어요. 아! 아! 선생님, 제가 그때 왜 그랬을까요? 선생님, 저 있잖아요, 그때로 돌아가면, 중딩 때로 돌아가면 다시는 안 그럴 텐데……아! 쓰바! 왜 나이는 거꾸로 처먹을 수가 없는 거죠? 왜 세월은 되돌려놓을 수 없는 거냐구요!"

"상복은 왜 안 입는 거냐?"

"상복이요? 선생님, 근데요, 근데요, 아! 쓰바! 근데요, 그거 아세요? 제 마음속에 악마가 살고 있다는 거, 그거 아세요? 그 고마운 할머니가 죽었는데, 아니 돌아가셨는데, 그게 좋아서 할망구가 뒈지니까 이제는 부담 느끼지 않아도 된다는, 이젠 마음대로 할 수 있다고 킬킬거리는 악마가 이 속에 있더라구요. 이젠 길거리 나가서 억지로 업고 오지 않아도, 온몸이 상처투성이인 할머니 목욕시키지 않아도, 똥오줌 받아내지 않아도 돼 편하겠다고 춤추는 미친놈이 제 맘에 있더라구요! 선생님, 이런 놈이, 이런 개만도 못한 놈이 무슨 상복을 입어요? 선생님, 전 상복 입을 자격이 없어요. 상복을 입을 수가 없다구요!"

상담사는 때론 내담자가 영혼과 대화를 할 수 있도록 중재하는 영매와도 같은 역할을 하기도 한다. 현실 세계에서 만날 수 없는 상대와 만날 수 있도록 하는 중간자의 역할. 나는 그날 철균이와 할머니 사이에서 그 역할을 하고 싶었다. 마치 직접 말을 하는 것처럼 이야기를 통해서 할머니의 마음을 철균이에게 전하고, 철균이의 마음을 할머니에게 전하고 싶었다. 철균이와 할머니가 잘 헤어질 수 있도록 도와주고도 싶었다. 때로는 진정한 '만남'을 위해 건강한 '헤어짐'이 필요하기 때문이다.

목이 잠겨서 힘겹게 이야기하는 제자의 어깨를 토닥거리면서 나는 술을 한 잔 따르라고 했다. 제자는 그 와중에도 무릎을 꿇고 앉아 두 손으로 나에게 술을 따랐다. 나는 평소에 귀가 아플 때면 술을 드시곤 한다던 할머니를 생각하며 술잔을 두 손으로 곱게 들고 가서 영정 앞에 놓았다. 그리고 영정 속의 할머니를 바라보면서 이야기를 시작했다.

"할머니, 이제 보니 저놈 중학교 때 그 철균이가 아니에요. 참 잘 키우셨네요. 제 앞가림은 충분히 하고도 남겠어요. 그러니까 할머니, 이제는 붙잡고 계신 철균이 손 그만 놓아주고 하늘로 가셔도 될 것 같네요. 할머니, 늘 그러셨잖아요, 선생님만 믿는다고요. 이번에도 저를 믿어주세요. 제가 저 친구 옆에 있을게요. 아니 어쩌면 이젠 제가 저 친구에게 많은 도움을 받을 수 있을 것 같네요. 어른이 다 되었는걸요. 그러니까 철균이랑 제가 친구처럼 서로 의지하면서 이승에서 즐겁게 지낼 테니 이젠 그만 가세요. 하늘나라 가셔서 아드님과 며느님 만나셔야 하잖아요. 저 친구 저렇게 잘 키워놓으셨는데 거기서 아드님과 며느님께 넉넉히 대접받으셔야죠. 이승에서 눈물 흘린 것만큼 저승에서는 호강하면서 노셔야죠. 그래야 이다음에 철균이랑 제가 그곳에

갔을 때 넉넉한 마음으로 저희들 안아주실 수 있지 않겠어요? 그러니까 할머니 이젠 저 친구 잡으신 그 손 그만 놓으세요."

　내 이야기를 묵묵히 듣고 있던 제자는 주섬주섬 상복을 챙겨 입기 시작했다. 나는 할머니의 영정 앞에 국화를 한 송이 올려놓고 두 손 모아 꽤 긴 시간 침묵의 기도를 하였다. 그리고 상주와 맞절을 하였다. 맞절을 하고 일어서면서 우리는 서로를 부둥켜안고 울었다. 그것은 참 시원한 눈물이었다.

아버지 쌍둥이
아들 쌍둥이

'마음속 불덩어리', '화火'를 풀기 위해서는
'화話'를 주고받아야 하며,
그런 나눔이 있을 때 비로소
우리의 정원에 '화花'가 피어난다.
- 한성열 교수의 '상담 특강'을 들으면서
공책에 적은 짧은 생각

프롤로그

고등학교 1학년 남학생 철민이는 몸이 아주 작다. 그 작은 몸을 잔뜩 웅크리고 다닌다. 내성적인 성격이며 표정도 우울하고, 주눅이 들어 있을 때가 많다. 같은 반 강석이는 아주 뚱뚱하다. 난폭한 성격이며, 늘 욕설을 입에 달고 다니고, 자기보다 약한 아이를 자주 괴롭힌다.

사건이 일어난 그날도 강석이는 수업 시간에 앞자리에 앉아 있는 철민이의 등을 볼펜으로 콕콕 찌르는 장난을 쳤다. 평소 같으면 철민이가 짜증나는 표정을 몇 번 짓고 끝날 수도 있는 상황이었다. 그런데 갑자기 철민이가 뒤로 몸을 돌리더니 강석이의 머리를 샤프펜슬로 콱 찍어버렸다. 강석이는 외마디소리를 지르며 쓰러졌고, 철민이는 샤프를 손에 꼭 쥔 채 부들부들 떨었다. 친구들은 철민이가 더 이상 행동하지 못하게 붙잡았고, 나는 강석이를 차에 태우고 급히 병원에 갔다. 다행히 강석이는 머리에 작은 상처만 났을 뿐 크게 다치지는 않았다.

장면 하나

나는 병원에서 돌아와 교실에서 철민이와 이야기를 나누었다.

"제 아버지는 해병대 출신이에요. 늘 저에게 사내새끼가 그렇게 약해빠져서 어떻게 하냐고 야단을 치세요. 술을 드시면 때리기도 해요. 아주 심하게…… 강석이가 저를 괴롭힐 때면 꼭 아버지에게 괴롭힘을 당하는 것 같았어요. 집에서나 학교에서나 괴롭힘을 당하는 게 너무 힘들었어요. 학교에 오기도, 집에 들어가기도 싫었어요. 그렇지만 학교에 오지 않거나 집에 제 시간에 들어가지 않으면 아버지에게 매를 맞을 것 같아서 그러지도 못했어요.

그런데 어제 용기를 내서 아버지에게 말했어요. 강석이가 자꾸 저를 괴롭히는데 제가 어떻게 해야 하느냐고요. 저는 아버지가 해병대 출신이고 싸움도 잘하니까, 그리고 저의 아버지니까 그럴 때 남자라면 어떻게 해야 할지 알려주실 줄 알았어요. 그런데 아버지는 오히려 저를 마구 두들겨 패면서 병신처럼 맞고 다니냐고 소리를 질렀어요. 무서웠어요. 아침에 교실에서 강석이를 보니까 보통 때보다 더 밉더라고요. 정말…… 죽여버리고 싶었어요. 그래도 꾹 참았죠. 그런데 그 자식이 자꾸 저를 괴롭혔어요. 그래서 저도 모르게 그만…… 선생님, 아버지나 강석이나 왜 저만 괴롭히는지 모르겠어요. 난 아무것도 잘못한 게 없는데, 다 죽여버리고 싶었어요. 아니면 제가 죽어버리든지. 지금도 그래요."

장면 둘

다음날 강석이가 학교에 왔다. 가끔씩 머리가 쑤시는지 머리를 손으로 만지면서 강석이가 울음 섞인 목소리로 말했다.
"제 아버지는 공수부대 출신이에요. 전 뚱뚱해서 운동하는 것을 싫어해요. 그런데 아버지는 매일 저에게 운동을 시켰어요. 운동을 잘 못하면 아버지는 저를 발로 걷어차고 심하게 욕설을 퍼부으세요. 저는 집에 있을 때는 아버지가 너무 무서워서 방에서 절대 나오지 않아요. 그러다가 학교에 오면 저도 모르게 아이들에게 화를 내고 소리를 지르게 돼요. 어떨 때는 제가 친구들에게 하는 행동이 아버지가 저에게 하는 행동과 똑같아서 놀라기도 해요. 사실 철민이에게 미안한 마음이 들 때도 있었어요. 그런데도 아버지에게 심하게 혼난 다음 날에는 학교에 와서 철민이를 더 많이 괴롭혔어요. 그래야 제 속이 시원해졌거든요."

장면 셋

강석이와 이야기를 마친 오후에 철민이 아버지와 강석이 아버지를 학교에서 만났다. 해병대 출신 철민이 아버지와 공수부대 출신 강석이 아버지는 잔뜩 화가 난 얼굴로 마주앉았다.

그 사이에서 군대를 면제받은 민방위 출신인 내가 조용히 입을 열었다.

"여러 가지 생각들을 하면서 여기까지 오신 것 같습니다. 우선 제 생각을 말씀드리겠습니다. 저는 철민이와 강석이를 똑같이 교칙에 따라 처벌하자고 생활지도부에 말씀드리려고 합니다. 둘 다 학교에서 폭력을 사용했으니까요. 강석이는 철민이를 상습적으로 괴롭혔고, 철민이는 강석이에게 교실에서, 그것도 수업 시간에 위험한 상황까지 갈 수도 있는 일을 저질렀으니까요. 물론 저도 학생들을 잘 지도하지 못한 책임을 질 각오가 되어 있습니다. 어쩌면 이 사건을 경찰에 알려야 할지도 모르겠습니다. 그렇더라도 가능하면 가벼운 처벌만 받을 수 있도록 노력은 하겠지만요."

사실은 나도 견디기 어려울 정도로 두 아버지 사이에는 긴장감이 돌고 있었다. 그래서 나는 더 쌀쌀맞고 냉정한 소리로 작게 말을 했다. 아버지들은 아무 말이 없었다. 다만 두 분 모두 꽉 쥐고 있던 주먹이 풀어지는 것이 보였다.

"제가 이른바 상담이란 걸 하는 선생입니다. 좀 불편하시겠지만 선생 티를 좀 내면서 두 분께 말씀을 드리겠습니다. 솔직히 말씀드리면 이번 사건의 가해자는 두 분 아버님이십니다. 피해자는 강석이와 철민이구요. 그래서 저는 두 분 아버지를 보면서 화가 나기도 합니다. 아버님들께서는 아드님들에게 집안에서 너무나 많은 폭력을 사용했습니다. 아실지 모르겠지만 고등학생들도 어른처럼 '화병'에 걸립니다. 억울하고 두려운 감정이 가슴에 쌓이고 쌓이면 자기 밖으로든 자기 몸속으로든 마치 화산처럼 화를 폭발시켜 버립니다. 참는 힘이 아직은 약한 어린 친구들이니까요.

강석이 아버지께서 강석이의 건강을 위해 운동을 시키면서 사용한 힘을 강석이는 폭력으로 받아들였습니다. 그래서 힘으로 자신을 누르는 아버지 때문에 늘 가슴에 화가 쌓여 있었고, 그것을 학교에 와서 철민이처럼 약한 아이들에게 풀어버린 것입니다. 아버지와 똑같은 모습으로 말이죠. 철민이도 마찬가집니다. 학교에서 괴롭힘을 당한 일로 아버지에게 하소연을 했는데 철민이 아버지는 오히려 더 센 힘으로 철민이를 억눌려버리셨죠. 그게 아버님의 해결 방법이었는지 모르겠지만, 어쨌든 철민이는 더 이상 가슴속에 쌓여 있던 화를 견딜 수 없어서 강석이에게 몹쓸 행동으로 풀어버린 겁니다. 죄송하지만, 철민이와 강석이가 진짜 미워하는 것은 서로가 아니라 자신들의 아버지입니다. 정확히 말씀드리면 두 아버님이 아드님들에게 휘두른 폭력이겠죠."

표정이 험악하게 일그러진 두 아버지는 매서운 눈초리로 나를 바라보았다. 나는 그 눈길을 견딜 자신이 없어서 자리에서 일어났다. 여전히 두 분은 아무 말이 없었다. 나는 연잎차를 끓이기 위해서 다기를 꺼냈다. 평소 같으면 이야기를 꺼내기 전에 먼저 했을 일인데 그날은 나도 무척이나 긴장을 했던 것 같다. 보글보글 찻물 끓는 소리만 세 사람 사이로 흘렀다. 투박한 찻잔에 차를 따른 뒤 두 분 앞에 놓았다. 그리고 나도 심호흡을 하며 차를 한 모금 마셨다.

장면 넷

가만히 찻잔을 바라보던 두 분 중에서 철민이 아버지가 강석이 아버지에게 손을 내밀어 악수를 청했다.

"죄송합니다. 제가 자식을 잘못 키웠습니다. 이번 일은 무조건 철민이가 잘못한 일입니다. 아니 선생님 말씀처럼 제가 부족해서 생긴 일입니다. 제가 사과드리고 모든 책임을 지겠습니다."

강석이 아버지가 손을 맞잡으며 말했다.

"아닙니다. 철민이가 얼마나 괴로우면 그랬겠습니까?"

철민이 아버지가 나를 바라보며 굵은 목소리로 말을 했다.

"선생님, 면목이 없습니다. 실은 철민이 어릴 때 철민이 엄마가 저세상으로 갔습니다. 참 몸이 약한 여자였습니다. 그래서 철민이를 보면 죽은 아내 생각도 나고 괜스레 철민이가 불쌍하게도 보여서 그만 제가 화를 많이 낸 것 같습니다. 철민이가 약해지는 게 싫었습니다. 체질이 꼭 지 엄마를 닮았거든요. 그래서 저도 모르게 철민이를 심하게 다룬 것 같습니다. 제가 생각이 짧았습니다. 철민이에게 참 미안해지네요."

"철민이 아버지도 혼자시군요. 저도 강석이랑 단 둘이 삽니다. 그래서 강석이가 건강하게 컸으면 하는 마음에서 운동을 강하게 시켰는데 그 녀석이 그렇게 스트레스를 심하게 받는 줄 몰랐습니다."

점점 차 맛이 깊어지는 것을 느낀 나는 빙그레 웃음을 지으며 말했다.

"제가 너무 함부로 말씀드렸지요? 죄송합니다. 사실 저도 학교에서 그 친구들과 많이 이야기를 나누고 지내면서 가슴속 불길을 조금이라도 꺼줬어야 하는데, 학교에 있는 아버지로서 역할을 잘 못했습니다. 죄송합니다."

내가 고개를 숙이며 사과의 말을 건네자 두 아버지는 거의 동시에 손사래를 치며 아니라고 했다.

"그리고 선생님, 경찰에까지 알리지는 않으셨으면 감사하겠습니다. 그래도 교칙에 따라 처벌은 강하게 해주십시오. 그저 나중에 대학에 갈 때 지장만 없으면 좋겠습니다."

강석이 아버지의 말에 철민이 아버지도 고개를 끄덕이면서 동의를 했다.

"예, 제가 학교 선생님들과 의논해서 잘 처리하고 연락을 드리겠습니다."

에필로그

그날 저녁 네 부자는 함께 저녁을 먹고 노래방에서 실컷 노래를 불렀다고 한다. 그리고 지금 두 친구는 대한민국 육군에서 열심히 군 생활을 하고 있다.

여자보다 귀한 것은 없네

내 마음 속에는 천사와 악마라는 두 송이 꽃이
늘 피어 있다. 내가 어느 꽃에 눈길을 주느냐에 따라
내가 걸어가는 길은 천사의 화원이 되기도 하고
악마의 꽃밭이 되기도 한다.
- 사람의 마음속에는 두 마리 개가 살고 있다는
인디언들의 이야기를 읽고 떠오른 생각

"선생님, 제가 이번 교내 합창 대회에서 솔로를 맡게 되었어요."

"와우! 축하한다. 그렇지, 우리 정한솔이 아니면 누가 솔로를 하겠어? 그런데 기분 좋은 이야기를 하면서 한솔이 얼굴은 왜 이렇게 어둡지?"

"선생님, 실은 저 솔로 하기 싫어서요."

"그래? 솔로를 하기 싫다…… 거 이상하네. 너, 지난주 국어 시간에 내가 물어봤을 때는 솔로를 무척 하고 싶다고 말한 것으로 기억하는데……"

나는 가만히 한솔이를 바라보았다. 한솔이는 아무 말을 하지 못하고 고개를 숙인 채 손바닥만 비벼대고 있었다. 그러다가 갑자기 왈칵 눈물을 쏟아내기 시작했다. 울지 않으려고 애쓰는 한솔이에게 나는 괜찮으니 더 울라고 말했다. 다 울고 나서 하고 싶은 말을 하라고 했다. 한참을 울고 난 뒤 한솔이가 더듬더듬 말을 꺼내기 시작했다.

"선생님, 실은 아버지가 병원에 입원하셨는데요. 육 개월을 넘기기 어렵대요. 선생님, 그래서 도저히 목소리가 나오지 않아요. 노래를 부를 수가 없어요. 아버지는 병 때문에 죽어가고 계시는데 제가 즐겁게 노래 부르면 안 되는 거잖아요. 선생님도 아시잖아요. 우리 반이 부르는 노래 〈여자보다 귀한 것은 없네〉는 재미있는 노래잖아요. 그래서 제가 솔로를 할 때도 우스꽝스러운 표정을 지으면서 불러야 하는데, 그게 너무 힘들어요. 담임선생님께 사정을 말씀드리고 솔로를 그만두고 싶어요. 그런데요, 합창 대회가 내일이에요. 망설이다가 말씀을 못 드리고 오늘까지 와버렸어요. 이제 와서 솔로를 하지 않겠다고 말씀드리기가 너무 죄송해요. 그리고 제가 솔로를 하지 않겠다고 하면 아이들이 모두 아버지 일을 알게 되잖아요. 전 그것도 싫거든요. 선생님, 제가 어떻게 하면 좋을까요?"

나는 한솔이의 말을 들으면서 가슴속에서 올라오는 슬픔을 다독였다. 그리고 차분히 한솔이의 눈을 보며 말했다.

"한솔이 마음이 참 힘들겠다. 아버지는 편찮으시고, 노래를 부르기 싫은 것은 아니지만, 노래를 부르면 아버지에게 너무 죄송한 일이 될 것 같고, 또 아이들이 이 사실을 아는 건 싫고, 담임선생님께 말씀드리자니 용기는 안 나고…… 그러니 한솔이 마음이 참 힘들겠다."

한솔이는 고개를 끄덕거렸다.

"그런데 선생님이 보기에는 한솔이가 효자는 아닌 것 같다."

한솔이는 조금 멍한 표정이 되어서 날 바라보았다. 그 눈빛이 너무 순수해서 나는 다시 이를 악물어야 했다. 이 친구에게 힘을 주기 위해선 악역을 담당해야 했기 때문이었다.

"한솔이는 네 문제를 선생님이 해결해 줄 수 있다고 믿니?"

한솔이는 작은 소리로 그렇다고 대답했다. 나는 아까부터 작게 몸을 떨기까지 하는 한솔이에게 마치 비아냥거리듯 말했다.

"그럼, 선생님이 너의 고민에 대한 답을 줄게. 그냥 아무 생각 말고 솔로 해라."

"선생님, 그건……"

"정한솔! 아버지 핑계대면서 솔로 하지 않으려면 마음대로 해라. 그리고 솔로하지 않으려면 다시는 상담실에 오지 마!"

진짜로 화가 난 것처럼 소리를 지르는 나를 보고 한솔이의 얼굴에는 놀란 빛이 가득했다. 나는 일어서서 상담실 문을 잠그고 다시 한솔이 앞에 앉았다.

"정한솔! 우리 자세한 이야기는 합창 대회가 끝난 후에 하도록 하자. 자, 그럼 네가 솔로를 맡은 그 부분 한번 내 앞에서 불러보렴. 아무 생각 하지 말고, 노래에만 집중해서!"

한솔이의 표정이 일그러졌다. 그러나 나는 아랑곳하지 않고 다그치듯이 소리를 지르며 노래를 불러보라고 재촉했다. 십여 분 이상을 머뭇거리던 한솔이가 마침내 노래를 부르기 시작했다. 처음에는 소리를 내지 못했다. 몇 번을 반복하자 음정도 박자도 모두 엉망이었지만, 한솔이의 목에서 가사가 흘러나오기 시작했다. 열 번을 넘어서자 노래와 울음이 마구 뒤섞여 나오기 시작했다. 한솔이는 악을 쓰듯 노래를 불러댔고, 그렇게 30여 분이 지나자 한솔이 특유의 힘차면서도 부드러운 소리가 튀어나오기 시작했다. 상담실 안은 한솔이의 노래로 꽉 메워졌다. 나는 탈진하여 의자에 털썩 주저앉은 한솔이를 꼭 껴안고 등을 토닥거려 주었다. 그리고 나도 울기 시작했다. 참고 참았던 내 눈물이 제자의 머리를 타고 흘러내리기 시작했다.

"한솔이 고생했다. 선생님보다 네가 더 어른이다. 잘 참아줬다. 나 같으면 참지 못해서 노래 못 불렀을 텐데, 우리 한솔이 참 고맙다."

나는 한솔이와 다시 마주앉았다. 그리고 아무 말 하지 않고 한솔이를 보고 웃었다. 한솔이도 멋쩍은 듯이 따라 웃었다. 그렇게 스승과 제자는 빨간 토끼눈이 되어 서로를 보고 한참을 웃었다. 그리고 마침 책상에 있던 목캔디 한 통을 한솔이의 손에 쥐어주었다.

그날 한솔이와 상담을 하고 난 후 곰곰이 상담 과정을 생각하다가 문득 떠오른 것이 있었다. 색깔에 따라 문을 돌리면 다른 마을의 모습이 나오는 〈하울의 움직이는 성〉이란 애니메이션 영화의 장면이었다. 내가 어떤 선택을 하느냐에 따라 세상은 다르게 보인다는 것을 그 영화는 상징적으로 보여주고 있다. 나는 한솔이가 학교에 와서는 학생이라는 색을 선택해서 아버지에 대한 걱정으로부터 분리되고, 다시 집에 가서는 아들이라는 색을 선택해서 아픈 아버지에게 집중하는 삶을 살아야 한다는 생각이 들었다. 학교에서 계속 아버지에 대한 걱정을 하고 있다거나 집에 돌아가서 아픈 아버지보다는 자신의 현재나 미래에 대해 더 걱정을 한다면 한솔이는 건강한 삶을 유지하기 어려웠을 것이라는 생각이었다.

다음날 교내 합창 대회가 열렸고, 한솔이는 솔로를 잘 소화해 냈다. 그 덕분인지 한솔이네 학급은 2등을 했다. 한솔이와 나는 다시 상담실에서 만났다.

"한솔아, 노래 참 잘 부르더라. 최고였어!"

한솔이는 씩 웃었다. 그러나 얼굴에서는 그늘이 아직 가시지 않은 채였다.

"지난번 상담 때 많이 힘들었지? 선생님 때문에 한솔이 마음이 많이 상했을 것 같아."

한솔이는 조용히 내 말을 들었다.

"사실 지난번에 선생님은 한솔이가 아버지는 편찮으신데 즐거운 노래를 불러야 한다는 사실에 죄책감을 느끼고 있다는 생각이 들었다. 아버지가 아픈 것은 네 잘못이 아닌데 말이야. 더군다나 학교에서 네가 부르고 싶은 노래도 부르지 않고 힘들어한다고 해서 아버지 병이 나을 것도 아니고 말이야. 그래서 선생님은 네 마음이 곱게 느껴지면서도 한편으로는 짜증이 났었어. 네가 이야기를 하는 동안 난 네 아버지의 입장이 되어 생각해 보았단다. 내가 한솔이 아버지라면 네가 솔로를 해야 기쁠 것 같더라. 자신 때문에 자식이 부르고 싶은 노래도 못 부르고 죄인처럼 한쪽 구석에 있다고 생각하면 한솔이 아버지 기분은 어떨까? 아주 화가 나고 서글프겠지. 그래서 너에게 노래 연습을 억지로 시킨 거야. 내 맘 느껴지니?"

한솔이는 고개를 끄덕였다.

"그렇다면 선생님이 더 중요한 이야기를 네게 하고 싶구나. 네가 학교에서 힘들어한다고 해서 아버지 병이 나을까? 음…… 좀 잔인하게 들릴지 모르겠지만 학교에서는 병원에 계신 아버지에 대해서 다 잊어버리는 게 좋아. 학교에서는 그냥 열심히 공부하고 친구들과 신나게 뛰어놀아야 해. 그래야 조금은 편안한 마음으로 병원에 가서 명랑한 모습으로 아버지를 정성껏 간호할 수 있지 않겠냐? 음…… 그렇게 한다면…… 말이야, 어쩌면 아버지께서 회복되는 기적이 일어날지도 몰라. 너의 건강한 에너지가 아버지에게 흘러들어 가서 아버지께서 기운을 차릴 수도 있잖아. 이 세상에서 부모에게 가장 큰 힘을 주는 것은 자식이거든.

알아, 그래 알아. 선생님도 알아. 사람이 살고 죽는 건 어쩌면 신의 영역이겠지. 그런데 신의 결정에 사람이 영향을 미칠 수도 있다고 나는 생각해. 그건 신을 울리는 거야. 신을 울릴 수 있는 것은 바로 '사랑'이라고 나는 믿는다. 지금 네가 아버지에 대해 갖고 있는 그 마음 말이야. 학교에서 눈물 나도 꼭 참고 노래 부르면서 학생으로서 네 자리를 잃지 않으려고 애쓰는 모습, 병원에서 아버지를 위해 애쓰는 네 모습, 그것들이 모이면 바로 눈물의 기도가 된단다. 그러니까 보란 듯이 '여자보다 귀한 것은 없다'고 노래하는 네 모습이 바로 신을 울릴 수 있는 사랑이고 눈물이라고 선생님은 생각했다."

나는 잠시 숨을 멈추고 화장지를 꺼내서 울고 있는 한솔이에게 건넸다.

"그래, 선생님 말처럼 학교에서 그렇게 지내는 게 쉽지 않을 거야. 또 선생님이 지나치게 낭만적으로 말하고 있다고 생각될지도 몰라. 그런데 이런 생각을 해봤니? 선생님하고 이야기를 나누면서 네 마음을 푸는 것처럼, 너의 아픔을 함께 나눌 수 있는 친구를 많이 갖고 싶다는 생각 말이야. 한솔아, 아버지가 편찮으신 걸 친구들이 아는 게 싫다고 했지? 아버지가 편찮으신 게 부끄러운 일이니? 또 다른 친구들이 너를 염려하는 것이 잘못된 일이야? 동정받는 것이 부끄러워서, 그러니까 너의 자존심 때문에, 아버지가 아픈 것이 무슨 잘못이라도 되는 것처럼 친구들에게 비밀로 하는 널 보면 아버지 마음은 어떠실까? 내가 한솔이 아버지라면 한솔이에게 무척 미안할 것 같다. 괜히 내 몸이 아파서 자식이 학교에서 주눅 들어 지내게 한 것 같아서 말이야. 그래서 더 힘들어하실 것 같아."

"선생님, 죄송해요. 제가 너무 저만 생각했어요."

"아니, 한솔이는 잘못한 것 없어. 넌 솔직히 그런 너의 마음 다 보여줬잖아. 그리고 선생님이 이런저런 말을 할 수 있도록 해줬잖아. 한솔이는 아무 잘못 한 것 없어. 있잖아, 한솔아, 학교에서 평소와 다름없이 지내다가 아버지 때문에 힘든 날은 친구들과 이야기도 하고, 그러다가 풀리지 않으면 상담실로 와라. 선생님 앞에서 하소연도 하고,

울고 그렇게 하다가 가. 선생님 옆에 아무 말 없이 앉아 있다 가도 되고, 또 편찮으신 아버지에게 못 부린 투정을 선생님한테 다 쏟아놔도 돼. 네 투정 넉넉하게 다 받아주마."

한솔이가 가만히 나를 바라보았다.

"선생님, 그래도 돼요?"

"그럼."

"그럼, 저 야단 좀 많이 쳐주세요. 아버지가 평소에 무척 엄하셨거든요. 그런데 병원에 입원한 후에는 저 야단도 못 치시고……"

"오우 케이. 알았다. 내가 너 정신 번쩍 나게 야단 실컷 쳐주마. 지금 보니 우리 한솔이 속이 무척 깊구나."

한솔이가 눈물을 매단 채 함빡 웃었다. 그것은 나와 이야기를 나누는 동안 한솔이가 나에게 처음으로 보여준 선물이었다.

있잖아,
난 너밖에
안 보여

말하지 않아도 알아요. 눈빛만 보아도 알아요.
그냥 바라보면 마음속에 있다는 걸……
— 한 제과업체 광고에서

고등학교 남학생들과 상담을 할 때 가장 힘겨운 것은 이 학생들이 처음에 말을 꺼내기를 무척이나 어려워한다는 것이다. 물론 소리를 내어 말하지 않아도 '침묵의 언어'나 '몸짓 언어'를 사용하여 자신의 감정을 전달하기는 하지만, 그래도 안고 있는 고민이 무엇인지 파악하기 위해서는 학생들이 자신의 생각을 구체적으로 표현할 수 있도록 도와줘야 할 때가 많다.

그럴 때 나는 '△, □, ○'를 이용한 간단한 관계도 그리기 기법을 사용한다. '△'는 자신을 가리키고, '□'는 자신과 관계있는 남자, '○'는 자신과 관계있는 여자를 가리킨다. 이 관계도를 그리고 나서 그에 대해 묻고 답하는 과정에서 학생들은 비로소 자신의 고민에 대해 구체적으로 표현할 수 있게 되고, 고민의 원인이 무엇이고 그것을 풀어 나가기 위해서 어떤 방법을 선택해야 하는지도 어느 정도 깨닫게 된다. 그리고 그때부터 편안하고 진지하게 자신의 속마음도 꺼내 보이기 시작한다.

그런데 그날, 성남이가 그린 관계도를 보고 나는 아무 말도 할 수 없었다. 그것은 굳이 성남이가 뭔가를 설명하지 않아도, 또 내가 이런저런 질문을 던지지 않아도 느낌이 그대로 전달되는 그림이었다.

성남이가 그린 그림은 이랬다. 한쪽 구석에 작고 외로운 성남이가 있고, 대각선 방향, 그러니까 가장 공격적으로 보이는 자리에 아버지

△

□ ○ ○

와 어머니, 여동생이 있었다. 그게 전부였다. A4 한 장이 그렇게 넓어 보인 적은 없었다. 가슴이 먹먹했다. 성남이 주변에는 사람이 없었다. 부모님은 여동생과 함께 있었고, 성남이는 혼자 있었다.

왜 친구를 그리지 않았느냐는 질문에 성남이는 약간 놀라더니 이내 고개를 숙이며 친구가 없다고 했다. 과거의 친구를 그려도 좋다고 하자 아주 작은 소리로 생각하기 싫다고 했다. 친구는 없고, 과거는 추억하기 싫고, 무서운 가족만 있는, 외로운 성남이, 그런 성남이가 처절한 외로움에 시달리다 결국 상담실 문을 두드리고 들어와 내 앞에 앉아 있었다.

이야기는 하고 싶은데 자신의 문제를 잘 모르겠다고 하소연하는 열일곱 청춘 앞에서, 나는 마음 저 깊은 곳에서 슬픔이 올라오는 것을 참느라 무진 애를 써야 했다. 너무 답답해서 상담을 하고 싶어 왔는데 무엇을 상담해야 할지 모르겠다는 말을 반복하는 성남이에게 나는 다음날 다시 오라고 말했다. 우선 내 마음을 바라보는 시간이 나에게 필요했기 때문이다.

학교 강당 구석 의자에 앉아 나는 오랜 시간 침묵의 기도를 하기 시작했다. 신이 내게 들려줄 음성에 온몸의 신경을 집중시키고 간절하게 기도했다. 그러나 늘 그랬듯이 신은 나에게 응답을 하지 않으셨다. 나의 믿음은 신을 움직이기에는 역시 부족한가 보다 생각하며 쓸쓸하게 강당에서 나오려는데 어디선가 묘한 소리가 들려오는 것이 느껴졌다.

"너, 참 힘들구나."

깜짝 놀라 주변을 둘러보았지만 아무도 없었다. 그래서 나는 혼자 중얼거렸다.

"내가 아니고요, 성남이가 힘들다구요. 그 자식이 불쌍해서 견딜 수가 없다구요!"

"아니, 난 네가 힘든 것밖에 보이지 않는구나. 너 참 많이 힘들구나."

그 순간 나는 온몸에 소름이 돋는 것을 느꼈다. 그리고 나도 모르게 털썩 주저앉았다.

그랬다. 그것은 성남이가 아니라 나였다. 성남이와 상담을 하기 힘들었던 이유는, 아니 싫었던 이유는, 상담 자리에서 도망치고 싶었던 이유는, 아! 그것은 바로 성남이한테서 내 모습을 보았기 때문이었다. 지독하게 외로워서 떠올리기조차 싫은 고등학교 시절의 나를 성남이를 통해서 보았기 때문이었다. 그리고 단지 용기가 없어서 죽음을 선택하지 못했던 나의 대학 시절 모습까지도……

나는 성남이가 그린 관계도를 본 순간 슬픔도 화도 아닌 이상한 감정이 뒤섞여 올라왔던 것을 떠올렸다. 그 감정은 회피하고 싶은, 두려움 같은 것이었다.

나는 갑자기 눈물이 나기 시작했다. 나의 과거가 저 깊은 곳에서부터 올라오기 시작했다. 너무나 아프고 지독하게 슬펐다. 기도의 시간보다 더 오랜 시간 온몸에 통증을 느끼면서 울었다. 그 울음은 나를 괴롭히던 과거와의 화해이자 이별의 몸짓이었다. 더 이상 과거의 사건 때문에 현실의 나를 괴롭히지 않게 된 것은 그렇게 뜻밖의 사건으로부터 비롯되었다.

강당에서 나와 어두워진 교정을 걸으며 밤하늘의 별을 보았다. 그리고 진심으로 성남이를 외로움에서 건져내고 싶다는 마음이 들었다. 나는 어떻게 하면 좋은지 구체적인 방법을 더 알고 싶어서 다시 신에게 기도를 하며 밤을 지새웠으나, 신은 더 이상 나에게 아무런 이야기도 하지 않았다.

다음날 나는 잠을 자지 못해 피곤한 몸으로 성남이를 만났다. 성남이는 여전히 죄지은 사람처럼 어깨를 웅크리고 고개를 숙인 채 내 앞에 앉아 있었다. 난 어제 성남이가 그린 그림을 꺼내놓고 다시금 한참을 바라보았다. 그러다가 나도 모르게 말했다.

"너, 참 힘들구나."

성남이가 깜짝 놀란 듯 고개를 들어서 나를 바라보았다. 그리고 눈물이 가득 담겨 있는 내 눈을 바라보더니 중얼거리듯이 말했다.

"예, 선생님. 아빠랑 엄마도 저 때문에 많이 힘들어하세요. 어제도 여동생에게 야단맞았어요. 오빠 때문에 엄마 아빠 한숨 쉬는 소리가 너무 싫대요. 자기도 오빠 때문에 힘들어 죽겠대요."

"성남아, 난 네가 힘든 것밖에 보이지 않는다. 너 참 많이 힘들었구나."

나도 모르는 사이 어제 내가 들었던 말을 그대로 성남이에게 하고 있었다. 멍한 표정이 되어 가만히 나를 바라보던 성남이가 아주 어린 아이처럼 얼굴을 찡그리더니 눈물을 흘리기 시작했다. 두터운 안경에 눈물이 고이고, 안경 벗기를 무척 싫어한다는 성남이가 안경을 벗더니 갓난아이처럼 크게 울어대기 시작했다. 그리고 그 와중에도 죄송하다는 말을 자꾸 하며 무엇인가 말을 하려고 하였다. 나는 성남이를 와락 껴안고 말했다.

"됐어, 이 자식아! 아무 말 하지 말고 그냥 울어! 울고 싶을 땐 울어도 괜찮아. 그냥 울어!"

성남이는 꽤 오랜 시간 울었고, 나는 성남이의 등을 쓸어주고 또 쓸어주었다. 나는 성남이가 눈물을 흘리는 모습을 바라보며 내가 강당에서 울 때의 모습이 꼭 이랬으리라는 생각을 했다. 울음을 그치고 난 성남이는 한참을 가만히 있다가 깊은 숨을 내쉬고 안경을 썼다.

"기분이 어때?"

"몸이 많이 가벼워진 것 같아요. 고맙습니다."

"몸이 가벼워졌다고 말하는 것을 보니 성남이가 힘이 좀 생겼나 보다. 내가 오히려 고마운걸."

"선생님, 앞으로 여기 자주 와도 되나요?"

"물론이지."

그날 이후 성남이는 상담실에 꽤 자주 왔다. 상담실 의자에 앉아서 책을 읽기도 하고, 이따금씩 간식을 사오기도 했다. 나와는 그저 일상적인 대화와 인사 정도만 나누었다. 그러다가 어느 날부터 상담실 청소를 자진해서 하기 시작했고, 어느 순간부터는 친구 한 명을 더 데려와 함께 상담실 청소를 하기 시작했다. 그리고 어느 날은 부모님과 여동생 얼굴을 직접 그린 멋진 그림과 가족들이 함께 찍은 사진을 들고 와서 수다를 떨다 가기도 했다.

난 그때서야 성남이가 그림을 아주 잘 그리고 사진을 좋아하는 친구라는 사실을 알게 되었다. 그러나 나는 아직도 성남이가 왜 그토록 힘들어하고 외로워했는지, 과거에 어떤 일이 있었는지 알지 못한다. 그리고 솔직히 별로 궁금하지도 않다. 다만 내가 그런 성남이의 감정과 만났다는 사실만 기억한다. 그리고 성남이의 마음이 조금씩 치유되는 모습을 보면서 나도 덩달아 행복해지던 느낌만 그대로 간직하고 있다.

구라
까지 마

자기를 보고 잘생겼다고 이야기하는 백조의 말을 듣고
미운 오리 새끼는 믿을 수가 없었습니다.
그런데 물에 비친 모습을 보고 미운 오리 새끼는
더욱 놀랐습니다. 자신이 아름다운 백조로 변해 있었던 것입니다.
그래서 옆에 있는 백조에게 자신은 회색의 못생긴 오리였는데
어떻게 된 일인지 모르겠다고 말했습니다.
백조는 웃음을 머금고 새끼 백조는 모두 회색인데,
자라면서 깃털이 흰색으로 변한다고 말했습니다.
그러니까 당신은 백조가 맞다고 말했습니다.
— 안데르센의 〈미운 오리새끼〉에서

일곱 명의 고등학교 남학생과 나는 저마다 편한 자세로 생활관 관장실에 앉아 있다. 나는 낮에 학생들에게 어떤 내용이라도 좋으니 친구들과 대화하고 싶은 사람은 생활관 프로그램이 끝난 밤 시간에 관장실로 모이라고 했었다.

　　학생들이 찾아왔을 때는 밤 10시였다. 나는 학생들에게 눈을 감고 길게 여러 번 호흡한 뒤 잠시 침묵하면서 떠오르는 생각이 있으면 이야기하라고 했다. 학생들은 약간 어색하고 불편한 표정을 지었지만 이내 조용히 눈을 감았다. 잠시 후 한 친구가 갑자기 울먹거리더니 말을 꺼냈다.

　　"할머니가 떠올라요. 저는 부모님이 안 계십니다. 그래서 할머니가 저를 어릴 때부터 키우셨는데요. 제가 어렸을 때 몸이 약하고 장난이 심해 죽을 뻔한 적이 몇 번이나 있었대요. 그때마다 할머니께서 저를 살려내셨다고 했어요. 그런데 작년에 할머니가 교통사고를 당해 지금까지 다리를 잘 쓰질 못하세요. 그래서 제가 집안일도 하고 할머니 병간호도 하고 있습니다. 지금은 할머니가 저를 도와주지 못하시지만 그래도 저는 할머니가 자랑스럽습니다. 그리고 이젠 제가 할머니를 도와드릴 수 있어서 기쁘고 행복해요."

　　그때 갑자기 옆에 있던 친구가 버럭 소리를 질렀다.

　　"개새끼야, 구라 까지 마!"

　　나는 물론 방 안에 있던 친구들도 모두 깜짝 놀랐다. 잠시 후 내가 차분한 목소리로 물었다.

"친구보고 개새끼라고 했으니…… 음, 그래, 개새끼 친구야, 넌 왜 저 친구 이야기를 구라라고 생각하니?"

"저 새끼, 우리 반 왕따예요. 그래서 친구들한테 관심받으려고 만날 친구들 일을 대신해 줘요. 교실 청소도 혼자 하고, 애들 하기 싫어하는 선생님 심부름도 혼자 다 해요. 지난번 소풍 갈 때도 우리 반 아이들이 갖고 놀 축구공이랑 농구공 다섯 개를 혼자 다 들고 와놓고도 저는 정작 한 개도 갖고 놀지 못한 멍청한 놈이에요."

"아, 잠깐만. 나는 지금 이해를 잘 못하겠구나. 그게 지금 저 친구가 할머니 이야기를 한 거랑 무슨 관계가 있지?"

"저 새끼 지금도 그러고 있잖아요. 착하다는 소리 듣고 싶어서, 우리들이랑 선생님께 관심 받고 싶어서 저러는 거잖아요. 생각해 보세요. 부모님 없이 살아왔는데 뭐가 행복해요? 할머니가 편찮으신 게 왜 기쁜데요? 또 병간호하고 집안 살림하는 게 행복하다고? 웃기지 마, 인마! 그거 제가 다 해봐서 아는데요, 그거 얼마나 힘들고 짜증나는 일인지 몰라요. 저 새끼 이야기 다 구라예요, 구라라구요. 저 새끼, 지금 구라 까고 있는 거예요!"

나는 처음에 이야기를 꺼냈던 친구에게 물었다.

"너는 지금 이 친구 이야기를 어떻게 생각하니?"

"가만히 듣고 보니 저 친구 말이 맞는 것도 같아요."

"야! 이 개새끼야. 맞긴 또 뭐가 맞아? 넌 남이 말하면 다 맞냐! 이 개새끼야! 제발 그렇게 살지 마!"

그 친구는 또 소리를 버럭버럭 지르더니 이젠 눈물까지 흘렸다. 내가 그 친구의 등을 쓰다듬어주면서 말했다.

"있잖아, 내가 점점 궁금해지는데 말이야, 내가 알기론 넌 저 친구하고 그렇게 친하지 않은 것 같은데 왜 그렇게 흥분하니? 그냥 남의 일이라고 생각하면 아무것도 아닐 텐데…… 괜찮다면 그 이유를 설명해 줄 수 있겠니?"

"선생님, 실은요, 제가 중학교 때 왕따였거든요. 그때 제가 친구들하고 잘 지내려고 얼마나 아부를 떨었는지 몰라요. 그래도 친구들은 제 마음은 몰라주고 절 이용만 했어요. 저 새끼를 보면 꼭 중학교 때 제 모습을 보는 것 같아 너무 화가 나요."

"너, 지금도 왕따니?"

"아니요. 중학교 겨울 방학 때부터 저는 축구만 했어요. 운동장에서 소리 지르며 공만 찼어요. 아주 추운 날에도 웃통 까고 운동장을 축구공이랑 함께 막 뛰어다녔어요. 그리고 결심했죠. 이젠 아무와도 친구하지 않기로요. 그래서 고등학교에 올라와서도 아무와도 사귀지 않고 미친 듯이 축구만 했어요. 그러다 보니 저에게 다가오는 친구도 없었지만, 저를 함부로 무시하는 친구도 없었어요. 그래도 축구를 할 때는 아이들이 꼭 저를 찾아요. 선생님, 저 새끼처럼 친구들에게 아부하면서 착한 척만 해서는 왕따에서 벗어날 수가 없어요."

나는 조금 전부터 두 친구를 심각하게 바라보는 다른 한 친구에게 말을 건넸다.

"너도 무슨 할 말이 있는 것 같은데……"

"저도 물론 저 친구가 착하게 보이려고 할머니 편찮으신 이야기를 했을 수도 있다고 생각해요. 하지만 저 친구 이야기처럼 진짜로 할머니를 도와드릴 수 있게 돼 행복할 수 있겠다는 생각도 들어요. 그래서 저라면 '니가 뭘 알아, 인마! 난 이게 행복한데 어쩌라구?' 하고 소리를 지를 것 같아요. 저 친구의 문제는 소심한 데 있는 것 같아요. 남이 뭐라고 하면 금방 남의 입맛에 맞게 말을 바꾸잖아요.

그런데요 선생님, 지금 여기서 공개 사과하고 싶은 게 하나 있어요. 계속해서 화를 내는 저 자식 별명이 '미친개'예요. 저 자식 축구 진짜 잘해요. 그런데 평소에도 그렇고 축구를 할 때도 그렇고 자기랑 조금만 충돌하면 미친개처럼 마구 날뛰어요. 저도 축구를 좋아해서 학기 초에는 저 자식이랑 친해지고 싶었어요. 그런데 운동장에서 축구하다가 주먹으로 치고받은 적이 있어요. 그 후부터는 서로 쌩까고 지네요. 그런데 오늘 이야기를 들어보니까 저 자식 성질이 더러운 게 다 이유가 있네요.

한번 싸웠다고 다시는 얼굴도 안 쳐다보고 지낸 제가 참 속 좁은 바보 같아서요. 선생님, 저 친구에게 사과하려고요. 사실은 저도 왕따까지는 아니지만 친구가 별로 없어요. 친구들 이야기를 들으면서 생각해 보니까 저한테 문제가 있는 것 같네요. 사람을 만날 때 신중하지도 못하고, 자세히 알아보지도 않고, 조금 기다려줄 줄도 모르고, 한번에 포기해 버리는 저한테……"

나는 빙그레 웃음을 머금고 말했다.

"뭐, 그렇게까지 자신에게 책임을 돌릴 필요는 없을 것 같다. 네가 그렇게 쉽게 마음을 닫았던 데에도 뭔가 이유가 있었겠지. 너로서는 그게 어쩌면 세상을 살아오면서 네 나름대로 터득한 최선의 방식이었을 수도 있어. 하지만 지금 친구 이야기를 듣고 네 생각이 바뀐 것처럼 앞으로 다른 방식으로 생각하고 행동할 가능성도 있잖아? 그러니까 지나온 날들에 크게 마음 쓰지 않았으면 좋겠다. 나머지 두 친구도 그래. 지금까지 주어진 환경에 나름대로 적응하면서 최선을 다해 살려고 하다 보니까 그렇게 행동한 것이라고 선생님은 생각한다. 과거의 자신을 너무 미워하지 않았으면 좋겠어. 그리고 과거 일은 잊어버렸으면 좋겠다. 그건 그렇고, 이봐 개새끼 친구 미친개야. 어때, 이 축구 좋아하는 친구가 너랑 좋은 친구 될 수 있을 것 같은데 오늘부터 제대로 친구 한번 먹지 그래."

'미친개'는 머쓱한 듯 어색한 표정을 지었다.

"나 같으면 친구 하겠다."

할머니와 살고 있는 친구가 기어들어 가는 소리로 말했다. 그 말을 들은 '미친개'가 피식 웃으며 손을 내밀었다.

"그래, 우리 친구 먹자. 그리고 그때 나도 미안했다."

다른 친구도 손을 맞잡고 크게 웃었다. 그 모습을 본 우리는 모두 박수를 치며 웃었다. 악수를 하고 난 뒤 '미친개'가 말했다.

"선생님, 이 구라쟁이하고도 친구 먹고 싶은데요. 이 새끼는 제가 만날 옆에서 욕하면서 염장을 질러줘야 사람 구실을 할 수 있을 것 같은데요."

"야! 이 미친개야. 내가 왜 너에게 만날 욕먹으면서 살아야 되나? 나, 우리 할머니한테 먹은 욕만으로도 배가 터질 것 같거든."

'구라쟁이'가 삐친 듯 말해서 우리 모두는 폭소를 터트렸다. 그러면서 '구라쟁이'와 '미친개'는 하이파이브를 여러 번 쳐댔다.

"이 세 친구들, 그동안 무척 외로웠던 것 같다. 이 녀석들에게 친구 생긴 기념으로 나머지 친구들이 한번 껴안아줘라. 뜨겁고 격렬하게 한번 안아줘라."

다른 친구들이 달려들어 세 명의 친구를 얼싸안았다. 세 명의 친구도 서로를 얼싸안았다. 친구들끼리 서로 껴안고, 한 사람 위로 다른 사람이 쓰러지고, 방바닥을 구르고, 서로 몸 위에 겹쳐지면서 관장실은 금세 난장판이 되었다. 나도 그 난장판에서 함께 한 덩어리가 되었다. 우리는 서로 웃음과 즐거운 비명 그리고 농담을 주고받으면서 관장실을 뒹굴었다.

그렇게 두 시간이 순식간에 지나고 시간은 자정이 되었다. 일곱 명의 친구들은 두 시간 전과는 다른 마음으로 친구들을 만나게 되었고, 다른 눈으로 세상을 바라보게 되었다.

아이들을 보내고 집으로 오늘 길에 문득 고등학교 시절 '우리의 아지트'라고 부르면서 모였던 친구네 집 다락방이 떠올랐다. 그곳에서 우리는 어줍잖게 문학을 이야기하고 음악을 들었다. 때로 몇몇 친구는 술잔을 기울이기도 하고 폼 잡고 담배를 피워 물기도 했다. 여학생에게 차인 이야기를 킬킬대며 했고, 답답한 집안 이야기나 보이지 않는 미래의 막막함에 대해 이야기하기도 했다. 그 자리에서 우리가 얼마나 명쾌하게 결론을 내렸는지는 기억나지 않는다. 그러나 늘 만나면 행복했던 시간이요 공간이었다. 그곳에서만큼은 우리는 모두 행복했었다.

21세기를 살아가는 지금의 청소년들도 고민이 많기는 마찬가지이다. 어쩌면 이들에게도 필요한 것은 고민의 구체적이고 명쾌한 해결보다 먼저 이들이 서로 마음속의 고민을 스스럼없이 꺼내 함께 나누고 공감할 수 있는 시간과 공간을 갖도록 하는 것이 아닐까? 집단 상담의 자리가 이 아이들에게 그나마라도 '사람 냄새' 물씬 나던 내 기억 속 작은 다락방에서의 한때와 같은 시간이 되었으면 좋겠다는 생각이 들었다.

기우제, 그 기나긴 여정

미국 애리조나 주 사막 지대에 사는
호피 인디언들의 기우제 성공률은 100퍼센트라고 한다.
그 이유는 간단하다. 그들은 비가 올 때까지
계속해서 기우제를 지내기 때문이다.
— 고영건의 《인디언 기우제》에서

대학교에 지원을 하고 합격자 발표를 기다리는 제자 두 명과 함께 식사를 하면서 이런저런 이야기를 나누었다.

"아! 선생님이 궁금한 게 하나 있는데, 전에 너희 둘 다 똑같이 오른쪽 눈에 멍든 때 있었잖아? 왜 내가 너희들 싸우는 것 보고 말렸던 그때 말이야. 내가 싸움 말릴 때는 서로 죽일 것처럼 날뛰더니 그 다음날부터 동성 연애한다고 친구들이 놀릴 정도로 늘 사이좋게 붙어 다녔잖아. 도대체 어떤 일이 있었던 거냐?"

영민이가 차분한 목소리로 말했다.

"부모님이 이혼하신 것 때문에 제가 너무 힘들어서 선생님께 상담을 하다가 중간에 일어나 교무실을 뛰쳐나온 그날 일을 말씀하시는 거죠?"

그랬다. 작년 여름에 영민이의 부모님은 이혼을 했다. 영민이는 슬프고 화가 났지만, 어머니가 짐을 싸서 나가버린 집에서 울지도 않고 화를 내지도 않았다. 떠나간 어머니도 밉고 아버지도 싫었지만, 열 살 차이 나는 어린 남동생 앞에서 기죽은 모습을 보이기 싫었다. 고3임에도 불구하고 영민이는 자신이 어머니 몫까지 다해서 동생을 보살펴야 한다고 생각했고 그렇게 행동했다.

집에서만 감정을 숨긴 것이 아니었다. 학교에 와서도 담임선생님과 친구들이 자신의 가정 상황에 대해 알게 되는 것이 싫어서 일부러 더 명랑하고 활발하게 행동했다.

그러나 영민이는 열아홉이었고, 대한민국 인문계 고등학교 3학년 학생이었고, 결정적으로 성격이 너무 여렸다. 그러다 보니 자신도 모르는 사이에 점점 말과 행동을 '오버'하게 되었다. 그런 영민이를 보고 단짝 마루가 심하게 충고를 하다가 둘 사이에 싸움이 벌어진 것이었다. 상담을 받던 도중에 일어나 나가버린 영민이가 걱정되어 내가 교실로 가보았을 때는 이미 둘 다 얼굴이 코피로 범벅이 된 다음이었다.

나는 우선 상황을 정리하고 난 뒤 다음날 두 친구를 불러서 상담을 하려고 했다. 특히 영민이와 상담을 계속 진행하려고 했다. 그런데 다음날부터 두 친구가 이상했다. 싸우기 전보다 더 사이가 좋아 보였다. 마치 둘 사이에 깊은 비밀 하나를 공유하는 연인들 같았다. 나는 궁금하기는 했지만 그 모습이 그리 나빠 보이지 않아서 일부러 자세히 알려고 하지는 않았다. "모든 유기체는 자신의 환경에 최선을 다해 적응하려고 한다. 따라서 그 사람은 지금 최선을 다해 살고 있는 것이다"라는 어떤 교수님의 말씀을 생각하면서 영민이와 마루를 지켜보기로 했다. 상담자가 고도의 전문적인 기법과 화술을 사용해서 내담자의 문제를 해결해 주는 것도 상담의 한 방법이겠지만, 때론 내담자 스스로 상황을 이겨낼 힘을 가지고 있음을 믿고, 또 친구나 다른 사람이 상담자 역할을 대신해 줄 수 있다는 걸 믿으면서 '끈질지게 기다려주는 것'도 상담의 한 방법이라고 생각했기 때문이었다.

졸업을 앞두고 그때 일을 다시 물은 것은 상담 교사의 입장이기 전에 개인적으로도 무척 궁금해서였다.

"영민이가 그 다음날 저보고 부모님이 이혼하셨다고 말했어요. 정말 미안했어요. 절친이라는 놈이 친구 사정도 모르고 마음이 어떤지도 모르면서 충고라고 하면서 마음을 더 아프게 해서요."

"아니에요. 선생님. 저는 마루가 사실을 모르고 있는 게 더 좋았어요. 사실 전 그때 누군가에게 실컷 얻어맞거나 아무라도 실컷 두들겨 패주고 싶었거든요. 그렇게라도 하지 않으면 가슴이 터질 것 같았어요. 그런데 마침 마루가 저에게 싸움을 걸어줘서 얼마나 고마웠는지 몰라요."

나는 빙그레 웃으며 말했다.

"그랬구나. 그래서 더 친해졌구나. 그럼 마루야, 앞으로 영민이랑 자주 싸워야겠다?"

마루도 씩 웃으며 대답했다.

"싸울 일이 있으면 싸워야죠. 그런데요 선생님, 이젠 싸워도 영민이와 제 사이가 깨지지는 않을 것 같아요. 영민이 덕분에 저는 싸워도 사람 사이가 멀어지지 않을 수 있다는 걸 배웠거든요. 그리고 싸움도 해보니 꽤 재미있던데요 헤헤."

"하하, 영민이 너 좋겠다. 마음 놓고 재미나게 싸울 친구가 있어서……"

영민이는 배시시 웃더니 다시 그 나긋나긋한 목소리로 말했다.

"선생님, 전 다시는 마루랑 싸우지 않을 거예요. 저 자식 주먹이 얼마나 센데요. 다시 맞을 생각을 하면 끔찍해요."

"선생님, 이 자식 순 뻥치는 거예요. 쟤 주먹이 저보다 더 세요. 그때 싸울 때 제가 다섯 대 정도 때릴 때 영민이는 겨우 한 대 정도 저를 때렸거든요. 근데 코피 나고 멍든 것은 똑같다니까요. 거기다 맷집이 얼마나 좋은 줄 아세요? 그렇게 맞고도 쓰러지질 않아요. 이 자식 맷집 죽여줘요. 웬만큼 맞아도 끄떡없을 걸요 헤헤."

나는 영민이 등을 쓰다듬으며 천천히 말했다.

"그럼! 영민이 맷집 좋은 건 나도 잘 알지. 그러니까 그 힘든 상황을 이렇게 잘 견뎌내고 있잖니?"

내 말을 듣고 배시시 웃던 영민이 눈에 조금씩 이슬이 맺히기 시작했다. 나는 그 눈물을 보면서 지난 가을 나에게 아픔을 호소하던 영민이의 아픔이 치유되고 있음을 알았다. 물론 영민이의 가정 상황이 나아진 것은 없었다. 그러나 집안일로 가슴 답답할 때 만나서 마음을 풀어낼 친구, 싸움마저도 사양하지 않고 받아들이면서 우정을 간직하는 마루가 곁에 있기에, 영민이가 걸어갈 스무 살 세상은 꽤 따스할 것이라는 믿음을 갖게 되었다. 또 영민이의 상황과 관계없이 친구로 남아 있을 마루 덕분에 영민이는 자신은 물론 다른 사람들까지 사랑하며 넉넉하게 살아갈 수 있겠다는 생각도 들었다. 사랑이란 받아본 자만이 베풀 수 있기 때문이다.

　난 지금도 그 두 친구를 생각하면 기분이 좋아진다. 그 상담 아닌 상담을 통해서 나는 내 마음도 치유되고 있음을 발견했기 때문이다. 그날의 상황은 나에게 하나의 선물이기도 했다. 간절한 마음으로 긴 시간 기다리며 영민이가 스스로 문제를 풀어나가기를 말없이 지켜보기란 쉽지만은 않은 일이었다. 그러나 영민이는 마루와 함께 내 기다림의 방식이 잘못되지 않았음을 멋지게 증명해 준 친구였다.

친구들이
　　모두
저를 떠나요

우리가 어떤 사람을 미워한다면 우리는 그의 모습 속에서,
　　바로 우리 자신 속에 들어앉아 있는
　　그 무엇인가를 보고 미워하는 것이지.
　　　　- 헤르만 헤세의 《데미안》 중에서

"선생님, 전 친구들과 멀어지는 게 고민이에요. 친한 사이가 되었다고 생각하면 그때부터 친구들이 절 싫어해요. 제가 지나치게 화를 내서 가까이 지내기가 싫어진다고 하면서……"

"성춘이가 친구들이랑 멀어져서 속이 참 많이 상했구나. 친해졌다고 생각했는데 친구들이 멀어져가니까 소외감도 들고. 같이 놀던 친구들이 자기들끼리만 웃으면서 누군가의 집으로 함께 들어가고 너만 닫혀 있는 문 밖에 외롭게 서 있는 느낌이 들었을 것 같기도 하고 말이야."

"예, 맞아요. 꼭 저 혼자만 덩그러니 남은 느낌이에요."

"그런데 성춘아, 선생님이 좀 구체적으로 알고 싶은 게 있는데 말이야. 네가 해결하고 싶은 문제가 친구들과 멀어지는 거니? 아니면 화를 잘 내는 성격이니?"

잠시 생각을 하던 성춘이가 소리가 나도록 손마디를 구부렸다 폈다 하더니 말했다.

"잘 모르겠어요. 그게 그거 같기도 하고, 서로 다른 것 같기도 하고……"

"그래, 조금 혼란스러운가보다. 저기 성춘아, 미안한데 말이야. 선생님이 화장실을 가려고 했는데 네가 막 들어왔거든. 내가 화장실 다녀올 동안 생각 좀 더 해볼 수 있겠니?"

나는 화장실에 가지 않았다. 학교 교정을 천천히 거닐었다. 상담을 요청한 학생들은 대부분 문제를 해결하길 원하면서도 의외로 자신의 문제가 무엇인지 정확하게 파악하지 못하는 경우가 많다. 그래서 상담에 들어가기 전 학생 스스로 자신의 문제가 무엇인지 분명하게 파악하게 할 필요가 있고, 그 다음에 왜 그것을 문제로 생각하는지 함께 이야기 나누는 것이 좋다. 그러나 누구나 그렇듯 청소년들도 자신의 문제가 무엇인지 알기 위해선 시간이 필요하다. 비록 짧은 시간이지만 그런 상황을 만들어주고 싶어서 난 상담실을 나왔다.

다시 상담실로 들어섰을 때 성춘이의 얼굴은 귀까지 빨개져 있었고 풀이 죽어 있었다.

"선생님, 제가 곰곰이 생각해 보았는데요. 제 고민은 제 성격인 것 같아요. 화만 내지 않으면 친구들이 절 멀리하지 않을 것 같아요."

"그래, 화를 참지 못하는 성격 때문에 친구들이랑 멀어졌으니까 그 성격을 고치면 고민이 해결될 거란 말이지?"

성춘이는 고개를 끄덕거렸다.

"그런데 좀 이상하네. 문제의 원인을 찾았고, 네가 그 원인이라면 너만 변하면 해결되는 쉬운 문제인데 그 말을 하는 네 모습이 왜 이렇게 맥이 풀어진 것처럼 보이지? 꼭 뜨거운 물에 데쳐진 해파리처럼 보이네."

"어려울 것 같아서요. 친구들 잘못을 지적하면서 화를 심하게 내는 제 성격을 당장 고치기가 어려울 것 같아서요. 친구들은 지금 저한테서 멀어져 있거든요."

"아하! 그렇구나. 그러니까 성춘이는 아무 때나 막 화를 내는 것이 아니라 친구들이 잘못했을 때만 화를 냈었구나. 음…… 그랬구나. 친구들이 잘못했을 때만 화를 냈었구나. 그런데 성춘아, 어쩌지? 네 말처럼 성격을 고치는 것은 그렇게 금방 되지는 않을 거야. 어쩌면 평생 너를 따라다닐지도 몰라."

"십 년이 지나면 강산도 변한다"는 말이 있다. 이 말은 "십 년이 지나면 강산을 바라보는 눈이 변한다"는 말로 새겨도 될 것이다. 나는 성춘이가 스스로 자신의 단점이라 생각하는 성격을 고치는 데 초점을 맞추기보다는 그 성격을 장점으로 승화시키길 바라는 마음으로 성춘이와 대화를 풀어나가기 시작했다.

"선생님, 그럼 답이 없는 건가요? 전 계속 이렇게 친구들에게 왕따를 당하면서 살아야 하나요?"

성춘이의 눈에 이슬이 맺혔다.

"이런! 너 많이 힘들었구나. 왕따를 당한다는 생각까지 하면서 지냈구나. 이거 미안해서 어쩐다? 선생님은 성춘이가 왕따를 당한다는 생각까지는 못했어. 이렇게 자신의 생각을 잘 이야기하는 매력적인 놈이, 자신의 문제를 해결하려고 나에게까지 와서 도움을 받으려는 적극적인 친구가 왕따를 당할 거라는 생각은 미처 못했다. 너 정도면 누구나 친구하고 싶어 할 것 같다고 생각했는데……"

"예, 맞아요. 선생님, 실은 제 친구들 대부분이 지들이 먼저 저에게 친구하자고 했거든요. 그리고 사이가 가까워졌을 때 제가 친구들에게 친구로서 이런저런 충고를 하니까 듣고 있으면 짜증난다고 화를 내면서 가버리고……"

"그래, 충고를 무시하고 가버린 친구들에게 정말 서운했겠다. 그런데 그 친구들이 너에게 정식으로 절교 선언을 한 거냐?"

"말은 그렇게 하지 않았지만 저랑 만나기 싫어하는 게 느껴져요."

"그래, 그렇구나. 그런 느낌을 받았구나. 네 말을 듣다 보니 친구들이 완전히 떠난 것은 아니라고 볼 수도 있을 것 같은데? 다시 친해질 가능성도 있을 것 같아. 너는 친구들하고 잘 지내고 싶은 마음은 있어?"

"예. 그러니까 선생님께 와서 상담하는 거잖아요. 그런데요, 다시 자주 만나게 되면 또 화를 내게 될 것 같아요. 그게 겁나요."

"다시 친구들하고 멀어질까봐 두렵단 말이지? 자, 그럼 선생님이랑 한번 생각을 모아볼까? 너 친구에게 화를 냈을 때, 그 친구가 잘됐으면 하는 마음에서 그런 거야, 아니면 싫어서 그런 거야?"

"솔직히 싫어서 그럴 때도 좀 있지만 그 친구가 잘됐으면 하는 마음에서 그럴 때가 더 많아요. 그리고 제가 상처를 받을 때는 그런 마음을 갖고 이야기했을 때가 대부분이구요."

"그러니까 너는 그 친구를 위해서 그렇게 말한 건데 그 친구는 오히려 네 마음을 몰라주고 말도 안 하고 너를 멀리하니까 네 마음이 상한 거구나."

"예."

"그럼 방향을 바꿔서 좀 더 넓게 화를 내는 방법을 선택해 보면 어떨까?"

"무슨 말씀인지 잘 모르겠어요."

"친구들에게 화를 내지 말고 세상을 향해 화를 내는 사람이 되면 어떨까? 개인이 아닌 이 사회 전체를 위해서 말이야."

성춘이는 알듯 말듯한 표정을 지었다.

"내가 보기에 너는 비판하는 힘이 아주 강한 친구야. 그리고 국어 수업 시간에도 선생님이 너에게 칭찬했듯이 말도 논리적으로 잘하고, 무엇보다 사람을 사랑할 줄 아는 친구야. 사실 다른 사람의 잘못을 지적한다는 건 진정한 사랑이 없으면 할 수 없는 용기 있는 행동이거든. 그러니까 비판하는 대상을 네 친구들이 아닌 사회에서 일어나는 부조리하고 불합리한 상황들로 삼으면 어떨까? 이다음에 신문기자나 방송인, 또는 시민 운동가나 사회 복지사 같은 직업을 택해서 사회의 어두운 부분들을 지적하고 바로잡아 가는 일을 하면 어떨까? 네가 지금 단점이라고 말하는 너의 '화'는 너에게 큰 '능력'으로 작용할 것 같은데 말이야. 비판하는 힘은 아주 좋은 장점이 될 수 있거든."

"선생님, 말씀은 잘 알겠는데요. 우선 당장은 멀어진 친구들하고 가까워지고 싶어요."

"아! 그래. 그 이야기를 해야겠구나. 정면승부하렴. 지금 여기 와서 나한테 이야기한 것처럼 친구들에게 네 마음을 솔직하게 이야기해 봐. 앞으로도 네 성격을 바꿀 자신은 없다고 말해. 그래도 친구로 남아주었으면 고맙겠다고 그렇게 말해봐. 그 대신 친구들도 너를 향해서 화를 낼 일이 있으면 왕창 내달라고 해. 이건 순전히 선생님 개인적인 생각인데, 어쩌면 너는 친구들이 너에게 화를 내는 것을 못 견뎌하는 부분이 있을 것 같다. 누군가 너에게 불편한 감정을 표현하면 그 자리를 피해버렸을 때도 많았을 것 같고……"

성춘이의 얼굴이 일순간 굳어지더니 생각에 잠기다가 조용히 말했다.

"선생님 말씀이 맞아요. 저도 남이 저에게 화를 내면 무척 싫어하고 짜증을 냈어요. 제가 친구들에게 화를 내는 것만 생각했지, 친구들이 저에게 화를 내는 것에 대해서는 생각을 못했네요. 그렇네요, 선생님. 서로 화를 내면 손해볼 게 없는 거네요."

"그렇게 생각해 주니 고맙다. 선생님은 이제야 성춘이 마음속에 웅크리고 있던 멋진 친구와 만나는 느낌이 드는구나. 그래, 좋은 친구란 말이야, 서로에게 좋은 말만 해주는 친구가 아니라 불편한 말도 거리낌 없이 주고받는 사이란다. 그 불편한 말을 듣고 느낀 불편한 감정을 어떻게 잘 해결하느냐가 우정이 얼마나 깊은가를 보여주는 것이기도 해. 서로에게 비판을 많이 하고 잘 받아들이면 맷집이 넉넉해져서 이다음에 세상 살 때 아주 용기 있게 멋진 인생을 살 수 있어."

"선생님, 제가 바보였던 것 같아요. 왜 친구들이 저에게 화를 낼 때 제가 짜증낸 것은 생각 못했을까요?"

"사람들은 다 바보이기도 해. 어떤 사람이 밉다고 말하면서 사실 그 사람 속에 있는 자신을 미워하는 바보가 사람이지. 어떤 사람이 신호등을 무시하고 무단 횡단을 했다고 해보자. 그럼 건널목을 건너려고 인도에 서 있던 사람들 중에서 그 사람을 가장 크게 비난하는 사람이 누구겠니? 그건 신호를 위반해서라도 빨리 그 길을 건너고 싶었던 사람이겠지. 그러니까 성춘이가 바보인 것은 맞더라도, 그건 네가 '사람'다운 사람이라서 그런 거야."

"그런데요, 선생님 말씀 듣다 보니까 또 하나 고민이 생겼어요. 친구들하고 친하게 지낼 수 있는 방법을 조금만 더 구체적으로 말씀해 주실 수 있으세요? 서로 이야기를 하다 보면 또 화를 내게 되고, 그렇게 화를 내면 크게 싸움이 일어날 수도 있을 것 같아서요. 실제로 어제도 크게 싸울 뻔했거든요."

"그랬구나. 있잖아, 우선 친구들하고 이야기하는 시간을 줄이고 운동을 함께 하는 시간을 많이 가지면 어때? 배드민턴을 치는 것도 좋고, 또 농구장에서 농구를 하는 것도 좋겠다. 탁구도 좋아. '탁탁' 소리가 나는 운동을 해봐. 그럼 그 소리가 너와 네 친구들 사이에 쌓인 답답한 것을 많이 풀어줄 거야."

"그리고 보니까 저는 친구들하고 운동보다는 이야기를 더 많이 한 것 같네요. 고맙습니다. 그런데요, 선생님……"

성춘이가 주저주저하면서 이야기하기를 망설였다. 나는 아무런 말을 하지 않고 그저 미소만 짓고 있었다. 한참 후에 성춘이가 입을 열었다.

"당장 그 친구들에게 화해하자고 말하고 싶은데요. 솔직히 먼저 화해하자고 말할 자신이 없어요."

"오우 케이! 그 친구들 어차피 내가 아는 놈들이니까 시간 괜찮으면 이번 주 토요일에 선생님이랑 점심 먹고 노래방 한번 가자. 내가 팍팍 쐬줄게."

"선생님, 그건 선생님께 부담을 드리는 것 같아서 조금 마음이 그래요."

"인마, 남이 도움을 줄 때는 덥석 받을 줄도 알아야 해. 그리고 나 그렇게 착한 선생님 아니야. 그날 내가 쓰는 돈은 꿔주는 거야. 이십 년 후에 네가 와서 다 갚아야 해. 이자까지 넉넉하게 쳐서 갚아야 해. 알았어?"

그 주 토요일, 나는 성춘이, 그리고 성춘이 친구들과 학교 교정 구석에서 삼겹살을 배터지게 구워먹고 노래방에 가서 미친 듯이 노래를 불렀다. 그날 나는 얼마 안 되는 돈으로 다섯 친구의 영웅이 된, 기차게 신나는 날이었다. 그날은 열일곱 청춘들과 가장 많은 시간을 엮어 나가는 교사만이 느낄 수 있는 특권을 맘껏 누린 날이기도 했다. 그리고 또 한편으로 그날의 축제는 어쩌면 한쪽 끝은 내담자에게, 한쪽 끝은 세상 한가운데 걸쳐 있는 다리가 되어주는 상담자의 기쁨을 맛본 날이기도 했다.

2.

그건 네 잘못이 아니야.
넌 너의 인생을 살아.
네 자신을 먼저 사랑해

그 친구는
여기
없단다

사람은 버리는 게 아니다. 지금 당장 실력이 모자라더라도
끝까지 그 선수가 가진 잠재력을 끌어내야 한다.
- 김성근(야구 감독)

내가 근무한 대광고등학교에 '생활관 교육'이라는 공동체 훈련 프로그램이 있다. 나는 그 중에서 '효도의 길'이라는 순서를 진행한다. 이 '효도의 길'은 부모님에 대한 자신의 느낌과 그 느낌에 관련된 사건을 이야기하면서 부모와 자식 간에 서로의 마음속에 응어리진 것을 풀기도 하고, 그동안 표현하지 못했던 감사의 마음을 전하기도 한다. 나는 '효도의 길'을 진행하면서 구성원들이 서로에게 많은 도움을 주는 '집단 상담'처럼 부모님과 아이들이 서로에게 힘이 되어주는 여러 상황을 많이 보았다. 그날 밤 종기의 경우도 그랬다.

그날 종기는 한참 뜸을 들이다가, 읽으려고 꺼냈던 종이를 접어서 도로 주머니에 넣더니 이렇게 말했다.

"저는 제가 쓴 것을 읽지 않고 그냥 말로 하겠습니다. 저는 오늘 이 자리에서 어머니에게 용서를 빌고 싶습니다. 중학교 3학년 때 친구를 때린 적이 있습니다. 그것도 혼자서 때린 것이 아니라 여러 명이서 한 명을 때렸습니다. 그 자식이 재수 없게 굴어서 그랬습니다. 그런데 너무 심하게 때렸습니다. 코뼈가 부러지고 갈비뼈도 부러졌습니다. 그리고 입술이 터진 채 기절을 했습니다. 우리는 경찰서에 가서 조사를 받았고, 어떤 친구는 보호 관찰 대상이 되었습니다. 저는 그때 제가 잘못한 것이 없다고 생각했습니다. 왜냐하면 맞은 놈이 맞을 짓을 한 것이라고 생각했기 때문입니다. 그렇지만 경찰서에서 조사를 받고 부모님들을 만나면서 조금씩 내가 잘못한 것이라는 생각이 들기 시작했습니다. 아무리 화가 나도 친구를 그렇게 때리는 것은 아니라고요.

 또 몸이 불편한 상황에서 병원에도 못 가고 저 때문에 고생하시는 어머니께 죄송하기도 했습니다. 그렇지만 어머니께 잘못했다는 말을 하지는 않았습니다. 그날 저녁 어머니는 아무 말씀도 하지 않고 제가 제일 좋아하는 김치찌개를 해주셨습니다. 전 먹지 않았고, 그날 이후에도 언제나 어머니 앞에서는 화난 얼굴로만 있었습니다. 그래도 어머니는 저에게 짜증을 내지 않고 잘 대해주셨습니다.

 사실 저는 어머니께 잘못했다고 말하고 싶었습니다. 그러나 용기가 나지 않았습니다. 마음속에서 골백번도 더 잘못했다고 말을 했지만, 입 밖으로 꺼내기는 힘들었습니다. 하지만 오늘은 용기를 내서 여러분이 보는 이 자리에서 어머니께 죄송하다는 말씀을 드리고 용서를 빌고 싶습니다. 또 앞으로는 어떤 일이 생겨서 내가 얻어터지면 터졌지 절대 다시는 남에게 주먹을 쓰지 않겠다는 약속도 드리고 싶습니다."

 '묵은 살림'이라는 것이 있다. 오랜 세월 정이 든 세간들을 말한다. 새 집으로 이사를 갈 때, 그 집을 넓고 편안하게 쓰기 위해서는 묵은 살림 중 몇 가지를 과감하게 정리해야 한다. 종기에게는 친구를 괴롭혔던 그 사건이 '묵은 살림'이었다. 과거에는 종기가 친구를 괴롭혔던 사건이 현재에는 종기를 괴롭히는 이유가 되고 있었다. 그래서 나는 종기의 발표를 듣는 동안 종기가 과거의 사건과 헤어지는 작업을 통해 죄책감에서 벗어날 수 있기를 바랐다.

종기 옆에 서 있던 나는 종기의 어머님이 누구시냐고 부모님들을 향해 여쭤보았다. 병색이 완연한 어머니 한 분이 자리에서 일어나서 앞으로 나오려고 했다. 앞선 부모님들이 자식의 이야기를 듣고 난 뒤 껴안아주는 모습을 보고 종기 어머니도 그렇게 하시려고 했던 것 같다. 나는 종기 어머니께 그 자리에 그냥 앉아 계시라고 했다. 그리고 종기보고 어머니 앞으로 가서 용서를 바라는 마음으로 큰절을 올리라고 했다. 종기는 눈에 눈물을 가득 담은 채 어머니 앞으로 가서 큰절을 올렸고, 종기 어머니도 무릎을 꿇고 앉아 절을 받더니 아들을 꼭 끌어안아 주셨다.

이 광경을 지켜보던 부모님과 반 친구 들이 박수를 쳤다. 나는 종기를 다시 앞으로 나오라고 했다. 그리고 종기의 손을 꼭 잡고 종기네 반 친구들에게 말했다.

"여러분, 혼자도 아니고 여러 명이 한 친구를 두들겨 팬 중학교 3학년 민종기란 자식 정말 나쁜 놈이죠, 그렇지요?"

조금 의아한 눈빛을 하던 친구들은 억지로 대답을 요구하는 나에게 작은 소리로 그렇다고 대답했다.

"그런데 그때 민종기, 그러니까 중학교 3학년 때 민종기가 여기 있나요 없나요?"

반 친구들의 대답 소리가 조금 커졌다.

"없어요!"

"그런데 여기 없는 중3 때 민종기 때문에 왜 우리 친구, 고등학교 1학년 민종기가 괴로워해야 하는지 선생님은 알 수가 없습니다. 민종기, 진짜 바보 같죠?"

친구들의 얼굴에는 웃음기가 돌았고 대답 소리는 아주 커졌다.

"예!"

"과거는 변할 수 없는 것이고 돌아갈 수도 없는 것인데, 잊어버리면 그만인데, 그것 때문에 괴로워하는 민종기를 보니까 선생님은 화가 나네요. 그리고 화가 나는 게 또 있어요. 왜 어떤 일이라도, 민종기가 얻어맞아야 하죠? 아! 알아요. 폭력을 사용하는 것은 좋지 않은 일이라는 것, 선생님도 잘 알아요. 그런데 선생님은 부당한 일을 당하면서도 참는 이유가 중학교 때 일로 인한 죄책감 때문에, 그래서 어떤 상황에서라도 그저 얻어터지고만 있는 민종기를 상상하는 것은 정말 싫어요. 민종기는 내 제자이고, 우리의 친구이고, 어머니의 자랑스러운 아들이에요. 그리고 민종기는 민종기예요. 그 누구와도 비교할 수 없는 친구, 이 세상에서 유일하고 소중한 존재라구요. 그 소중한 친구에 대해서 남들은 아무 말도 하지 않는데 왜 바보처럼 자신이 자신을 괴롭혀요? 그 정도면 됐어요. 그 정도 괴로워했으면 이젠 당당하게 살아갈 자격이 민종기에겐 있어요. 여러분! 그렇지요?"

"예!"

생활관 지붕이 들썩거릴 정도로 반 친구들은 크게 대답을 했다.

묵묵히 내 말을 듣고 있던 종기가 다시 어머니를 향해 걸어갔다. 어머니도 종기를 향해 걸어 나오셨다. 그때 우리는 알았다. 종기 어머니께서 한쪽 다리가 불편하신 분이란 것을…… 종기는 어머니 앞에 털썩 주저앉아 어머니의 불편한 다리를 부여잡고 울다가 자리에서 일어나 그 크고 넓은 품으로 자그마한 어머니를 꼭 껴안았다. 바라보는 모든 이들이 박수를 쳤다. 박수가 끝나고 내가 말했다.

"그러셨군요, 어머니. 그 힘든 다리로 이 바보처럼 착한 놈을 여기까지 키워오셨군요. 아픈 것을 마음껏 아프다고 말하지 못하는 자식을 보면서, 어머니는 또 얼마나 힘드셨을까요? 잘 참으셨네요. 정말 그 힘든 시간들 잘 기다려주셨네요. 종기 어머니, 고맙습니다. 참 고맙습니다."

종기 어머니께서 나에게 오더니 큰절을 하셨고, 나도 엉겁결에 맞절을 했다. 어머니의 눈에 따스한 눈물이 가득 담겨 있었다.

저도
사랑해
주세요

프랭크 슬레이드: "이제 난 어디로 가야 하지?"
찰리: "스텝이 엉키면 그게 탱고에요."
- 영화 〈여인의 향기〉중에서

어린 시절 이발소에 가면 자주 볼 수 있었던 그림 중에 엄마 돼지가 아기 돼지들에게 젖을 먹이는 그림이 있다. 그 그림을 자세히 보면 엄마 돼지의 젖을 함께 먹지 못하고 한쪽 구석에 있는 아기 돼지 한 마리가 있다. 그 아기 돼지는 다른 돼지들보다 먼저 세상에 태어난 첫 번째 돼지이다. 새끼들 중 처음으로 엄마 배를 열고 세상에 나오느라 너무 힘을 쏟은 나머지 젖을 빨 힘조차 없는 아기 돼지, 그 아기 돼지와 같은 첫째들을 '무녀리'라고 부른다.

무녀리들, 그러니까 첫째들은 세상을 개혁하기가 어렵다고 하는데, 그 이유가 당장 눈앞에 닥친 현실의 문제를 헤쳐 나가는 것만으로도 너무나 버겁기 때문이라고 한다. 그래서 무녀리는 '말이나 행동이 좀 모자라 보이는 사람을 비유적으로 이르는 말'이라고, 원래 뜻과는 좀 다른 뜻으로 쓰이는지도 모르겠다.

그날 저녁 생활관에서 나는 한 고등학교 1학년 남학생 무녀리의 이야기를 들었다.

"저에게는 저보다 열 살 어린 남동생이 있습니다. 부모님께서 맞벌이를 하다 밤늦게 들어오시기 때문에 집에 가면 늘 제가 동생을 돌봅니다. 저녁 식사는 집 근처에 있는 식당에서 합니다. 그날은 중간고사 성적이 나온 날이었습니다. 중간고사 내내 아픈 동생 때문에 저는 시험 공부를 많이 못했습니다. 원래 공부를 잘하지도 못하지만, 그래도 점수가 너무 좋지 않게 나와서 저는 동생이 무척 미워졌습니다. 그렇지만 화를 꾹 참고 동생과 저녁을 먹으러 식당에 갔습니다.

그런데 동생이 밥을 먹지 않겠다고 투정을 심하게 부렸습니다. 다른 날 같으면 제가 잘 달랬겠지만 그날은 동생을 달래고 싶은 마음이 없었습니다. 그래서 저도 모르게 동생의 머리를 주먹으로 때렸고 동생은 밥상과 함께 쓰러졌습니다. 저는 너무 놀라서 동생을 일으켰습니다. 다행히 동생은 다치지 않았습니다. 그런데 그날따라 아버지께서 일찍 들어오셨고, 식당에서 제가 동생 때리는 모습을 보셨습니다.

아버지는 제 멱살을 잡고 식당 마당으로 끌고 나오셨습니다. 그리고 저를 개 패듯이 팼습니다. 사람들이 말려도 듣지 않고 저를 주먹으로 발로 마구 팼습니다. 저는 너무나 아팠고, 너무나 무서웠습니다. 너무 억울하고 서러웠지만 울지도 못했습니다. 울면 아버지가 더 때릴 것이 분명했기 때문입니다. 아버지는 동생을 데리고 집으로 가셨고, 저는 식당 마당에 혼자 남겨졌습니다. 겨우 일어나 비틀거리면서 집으로 갔습니다. 그렇지만 아버지가 있는 집에 들어가기가 싫었습니다. 동생을 보기도 싫었습니다. 대문 앞에서 가슴이 두근거리고 불안해졌습니다. 순간적으로 저는 아버지를 죽이고 싶었습니다. 그래야 불안한 마음이 진정될 것 같았기 때문입니다.

저는 정말 열심히 공부하고 싶었습니다. 그런데 동생 때문에 공부를 제대로 하지도 못했습니다. 저는 친구들과도 신나게 놀고 싶었습니다. 그러나 동생을 돌봐야 했기 때문에 친구들하고도 놀지 못했습니다. 그래서 지금 저에겐 친구가 별로 없습니다. 그렇게 나를 희생해 가면서 동생을 돌봤는데 아버지는 그런 저에게 아무것도 물어보지 않고 때렸습니다.

동생을 때린 것이 잘했다는 이야기가 아닙니다. 저에게 왜 그랬느냐고 물어보지도 않은 것이 너무 화가 납니다. 아직도 아버지가 미운 마음이 완전히 없어지지 않았습니다. 동생도 밉고, 얘기를 하려고 하면 계속 잔소리만 하는 엄마하고는 말이 통하지 않습니다. 저는 죽고 싶습니다."

아! 지난 5월 이후 학교에서 늘 고슴도치처럼 가시를 사방으로 세우고 다니는 현기를 그제야 나는 이해할 수 있었다. 그리고 선인장이 사막에 살면서 온몸에 날카로운 가시를 뻗치고 살아가지만 가시투성이의 껍질을 벗겨보면 그 안이 수분으로 가득 차 있는 것처럼, 현기의 마음속에는 사랑이 메마른 곳에서 살아남기 위한 눈물이 가득 차 있음을 나는 발견했다. 그런 현기의 마음을 꺼내서 현기 자신과 현기의 부모님, 그리고 다른 이들에게 보여주고 싶었다. 그것이 현기의 아픈 마음을 치유하는 첫걸음이었기 때문이다.

글을 읽는 동안 현기는 숨이 막히는지 계속해서 자신의 가슴을 쳤다. 그리고 애써 울음을 삼키며 자신의 사연을 그야말로 이빨로 씹어 내뱉듯이 한 자 한 자 힘들게 읽어 내려갔다. 현기가 사연을 읽는 동안 생활관 안에는 불편하고 무거운 침묵이 흘렀다. 현기가 읽기를 끝냈을 때, 나는 한 팔로 현기의 등을 감싸 안은 채 같은 반 친구들과 부모님들께 이야기를 했다.

"혹시 여러분이 이상하게 생각하실지 모르지만 저는 지금 기분이 참 좋습니다. 세 가지 이유 때문에 그렇습니다. 현기가 가족과 있었던 아픈 사연을 이렇게 많은 사람들 앞에서 꺼내놓을 수 있는 것은 그 아픔을 이길 만큼 성숙했다는 증거이겠죠. 그것이 첫 번째 이유입니다. 성숙한 삶이란 문제가 없는 삶을 말하는 것이 아닙니다. 문제를 겉으로 드러내서 해결하고자 애를 쓰는 것, 그것이 성숙한 삶입니다. 그러므로 분명 현기는 아버지와 아픈 기억이 있던 그날에 비해서 한 단계 성숙한 모습으로 우리 앞에 서 있는 것입니다.

그리고 두 번째 이유는 현기가 이제는 아버지를 미워하는 감정에서 벗어나고 싶은 마음을 당당히 말할 수 있을 정도로 성장했기 때문입니다. 오늘 현기가 이렇게 우리 앞에서 자신의 감정을 드러낸 것은 바로 아버지와 화해하고 싶은 몸짓임을 부모님들께서는 잘 아실 것이고, 우리 친구들 중에도 그렇게 느낀 친구들이 있을 것입니다. 화해는 자유를 누릴 수 있는 자만이 요청할 수 있는 것입니다. 그리고 자유로운 삶을 사는 사람만큼 행복한 사람은 없지요. 오늘 현기는 자유롭게 살기 위한 첫 번째 걸음을 우리 앞에서 떼어놓은 것입니다.

세 번째 이유는 현기가 우리를 식구로 생각해서 말을 해주었다는 것입니다. 지금 현기가 발표한 내용은 식구들끼리만 할 수 있는 그런 어려운 이야기였습니다. 그런데 현기는 마치 삼촌에게 말하듯, 고모나 이모에게 말하듯, 큰아버지에게 말하듯, 또는 자기 형에게 말하듯 우리 앞에서 이야기를 했어요. 선생인 저마저 식구로 생각하고 마음 깊은 곳에 있는 이야기를 해준 현기가, 그런 제자를 둔 것이 참 자랑스럽습니다."

　긴 이야기를 마친 나는 잠시 눈을 감고 호흡을 고른 뒤 여전히 이를 악문 채 울음을 참고 있는 현기의 등을 치면서 크게 울라고 말했다. 잘못한 것도 없는데 왜 울지도 못하느냐고 다그치듯이 말했다. 누가 너를 그렇게 울고 싶을 때 울지도 못하게 했느냐고 소리를 질렀다. 그렇게 하고 싶은 것 못하고 평생을 살 거냐고 호통을 쳤다. 그런 내 목소리에도 흐느낌이 배어 있었다. 왜냐하면 나도 현기와 비슷한 경험을 한 적이 있는 무녀리였기 때문이다. 현기는 한동안 계속해서 울었다. 현기의 울음이 잦아들 즈음, 나는 현기에게 말했다.

　"이현기, 아직도 아버지에게 하고 싶은 말이 있니?"

　현기가 고개를 끄덕였다. 말을 해보라고 했으나 현기는 한참을 망설였다. 그러다가 자그마한 소리로 말했다.

　"저도 사랑해 주세요."

　"잘 안 들리는데 조금만 크게 말해줄래?"

"아버지! 저도 사랑해 주세요."

"그래, 잘했다. 그런데 아직도 마음이 다 풀리지 않은 것처럼 느껴지는데 더 크게 외쳐볼래?"

"아버지! 제발 저도 사랑해 주세요. 저도 사랑받고 싶어요. 아버지에게 동생 명기처럼 저도 사랑받고 싶어요!"

나는 현기가 했던 말을 그대로 주어만 바꿔서 조용히 말했다.

"그랬구나. 현기가 아버지에게 사랑받고 싶구나. 현기는 동생 명기처럼 아버지에게 사랑받고 싶었구나."

현기가 한참을 울먹이다가 숨을 크게 쉬고 나서 말했다.

"사실은 아버지도 그날 일이 잘 안 돼서 집에 일찍 들어오셨는데 제가 그러고 있는 것을 보니까 더 화가 나서 그러셨다고 엄마가 저에게 말씀하셨어요. 그렇지만 그런 것 다 알면서도, 그런 것 다 알면서도 저는 너무 서운해서 견딜 수가 없었어요. 아버지 죄송해요. 그렇지만 저도 명기처럼 아버지에게 보살핌을 받고 싶어요. 왜냐하면, 왜냐하면 저는 아버지를 진짜로 진짜로 사랑하거든요. 아버지, 정말⋯⋯ 죄송해요."

그때 부모님들 사이에서 허름한 옷차림의 아버지 한 분이 앞으로 나오셨다. 누가 봐도 현기의 아버지임을 알 수 있었다. 현기의 아버지는 현기를 꼭 껴안으면서 말씀하셨다.

"현기야, 미안하다, 미안해. 아빠가 잘못했다. 정말 미안해.

난 네가 이렇게까지 힘든 줄은 몰랐다. 미안하다, 현기야."

꼭 껴안고 서 있는 두 부자 옆에는 현기의 어머니께서 눈이 벌게진 채로 서 계셨다. 나는 어머니의 손을 이끌어 현기의 등을 끌어안을 수 있게 해드렸다.

세 가족이 하나가 되어 꼭 껴안고 있을 때 아까부터 자고 있던 현기의 동생 명기가 깨어났다. 상황을 잘 파악하지 못한 명기는 서로 껴안은 채 울고 있는 가족에게로 걸어 나오더니 제일 먼저 형의 다리를 꼭 붙잡았다. 현기는 엄마 아빠의 품에서 벗어나서 동생을 번쩍 들어서 안았다. 명기는 형이 우는 것을 보고 울지 말라고 하면서 고사리 같은 손으로 형의 눈물을 닦아주었다. 그 모습을 보면서 친구들과 부모님들은 웃기도 하고 울기도 하고 박수를 치기도 했다. 그렇게 서로를 감싸 안고 현기의 가족은 자신들의 자리로 돌아갔다.

청소년들과 상담을 할 때는 긍정적인 감정을 갖도록 강요하기보다는 그들이 느끼는 부정적인 감정을 더 깊게 바라봐 주어야 할 필요가 있다. 그 부정적인 감정 밑바닥에 문제를 해결하는 열쇠가 숨어 있는 경우가 많기 때문이다.

그날은 그런 날이었다. 누군가를 죽이고 싶을 정도로 미워한다는 것은 실은 그 사람을 지독하게 사랑하고 있다는 것을, 현기의 가족을 통해 우리 눈으로 직접 확인한 날이었다.

평범하게
키워주셔서
감사합니다

어떤 학생의 IQ 검사 결과, 평균에 해당하는
'100'이라는 결과가 나왔다고 가정을 하자.
IQ를 측정할 때 국어 문제와 수학 문제를 사용했다고
일단 가정하자. 국어 점수는 60이 나왔고,
수학 점수는 140이 나왔다고 한다면 국어와 수학을 더해서
나눈 점수가 바로 그 친구의 IQ일 것이다.
그러니까 그 친구는 국어를 못하고 수학을 잘하는 친구이다.
그렇다면 일반적으로 우리는 그 친구가 수학을 잘한다고 생각할까?
아니면 국어를 못한다고 생각할까? 아니
그 친구를 바보라고 생각할까? 천재라고 생각할까?
아니면 그저 평범한 사람이라고 생각할까?
– 대학원에서 '특수아 상담' 수업을 듣다가 떠오른 생각

생활관 교육 '효도의 길' 시간은 글쓰기를 통해 마음을 치유하는 시간이기도 하다. 이 프로그램을 진행하기 전에 학생들과 한 시간 정도 미리 글을 쓰는 시간을 갖는 것은 그래서이다.

나는 '효도의 길' 시간은 부모님께 자기 자신이 가장 하고 싶었던 말을 마음에서 꺼내서 글로 쓰고 입으로 표현하는 시간이라고 말한다. 그렇게 이야기하고 난 뒤 학생들에게 조용히 눈을 감고 마음에 떠오르는 느낌에 집중하도록 한다. 부모님을 생각하면 떠오르는 느낌에 집중하는 그 시간부터 '효도의 길' 프로그램은 시작되는 것이다.

잔잔한 음악과 함께 5분 정도 시간이 흐르고 나면 학생들의 눈가가 촉촉하게 젖어든다. 그때 나는 마이크를 잡고 낮게 속삭인다. "힘들었구나…… 참 많이 힘들었구나." "외로웠구나…… 참 많이 외로웠구나." "무서웠구나…… 참 많이 무서웠구나." "억울했구나…… 참 많이 억울했구나. 이게 아닌데, 이게 아닌데……" 아주 천천히 느리게 이 말들을 반복한다. 내가 여러 번 이 말을 반복하면 따로 지시하지 않았는데도 학생들이 조금씩 내가 한 말을 따라하고 이내 울음소리가 들리기 시작한다. 그 울음의 시간이 끝나고 조금 편안한 감정이 되면 학생들은 글을 쓰기 시작한다.

대개는 내가 미리 일러준 글쓰기 방식을 참고하여 글을 쓰지만, 가끔 자기 나름의 방식으로 글을 쓰는 학생도 있다. 자기 방식으로 글을 쓴 학생은 발표할 때 마음이 더 크게 흔들리는 모습을 보이면서 많은 눈물을 흘리곤 한다. 그때는 내가 개입해서 여러 가지 방법으로 그 친구의 마음을 어루만져주곤 한다.

그런데 그날 진수가 발표할 때는 내가 조금도 끼어들 수가 없었다. 진수가 너무나 크게 감정을 쏟아냈기 때문이다. 할머니와 단 둘이 살고, 뇌성마비를 앓고 있는 진수가 발표한 내용은 아주 짧았지만 깊이가 느껴지는 이야기였다.

걷는 것이 불편한 진수가 친구의 부축을 받으며 앞으로 나왔다. 단상에 거의 엎드리듯이 기댄 진수는 아주 어눌한 발음으로 자기가 쓴 글을 읽기 시작했다. 그러나 한 문장도 미처 읽지 못한 채 그냥 목놓아 울어버렸다. 나는 진수의 등을 천천히 쓰다듬으며 내가 대신 읽어도 괜찮겠냐고 물어보았다. 진수는 고개를 끄덕이며 동의했으나 나 역시 글을 읽지 못했다. 글을 보는 순간 목이 메었기 때문이다.

그래서 진수를 부축하고 나와서 옆에 서 있는 친구에게 대신 읽어달라고 종이를 내밀었다. 얼떨결에 종이를 받아든 그 친구가 글을 읽어 내려갔다. 진수가 쓴 글은 짧았다. 글씨는 당연히 엉망이었다. 그러나 그 엉망인 글씨를 쓰기 위해 뇌성마비의 아픔을 겪고 있는 진수가, 손을 사용하기가 부자연스러운 진수가 얼마나 애를 썼는지 나는 안다. 왜냐하면 나는 진수의 국어 선생이기도 했으니까.

"할머니, 감사합니다. 저를 평범한 아이들과 함께 지낼 수 있도록 해주셔서 감사합니다. 저를 이렇게 평범하게 키우기 위해서 얼마나 힘드셨어요? 할머니, 감사합니다."

나는 여전히 목이 메어 진행을 못하고, 진수는 단상에 엎드린 채 울고 있었다. 글을 읽은 친구도 벽 쪽으로 돌아서서 연신 눈물을 흘리고 있었다. 그때 몸집이 자그마한 할머니 한 분이 자리에서 일어나 앞으로 나오더니 울고 있는 진수를 꼭 껴안았다.

"아이구, 예쁜 내 새끼. 아이구, 예쁜 내 새끼. 할미는 괜찮어. 울지 마."

할머니의 목소리는 마이크를 통해 생활관 전체에 울려 퍼졌다. 할머니의 품 안에서 겨우 울음을 그친 진수를 할머니께서 부축하고 자리로 돌아갔다. 할머니도 다리가 불편한지 절뚝거리셨고, 진수도 비틀거리며 걸었다. 그리고 그 뒤를 따라가는 친구는 그 모습을 보고 다시 눈물을 흘리며 어깨를 들먹거리고 있었다. 그런데 그 모습이 예뻤다. 아니, 경건해 보였다. 세 사람이 함께 뿜어내는 그 아름다움에 나는 잠시 넋을 잃었다.

마음을 진정시킨 나는 프로그램을 원만하게 진행하지 못해서 죄송하다고 말하고, 그 대신 사죄의 뜻을 담아 노래 한 곡 불러도 괜찮겠느냐고 물었다. 그리고 정말 목청을 한껏 열어 〈아빠의 청춘〉이란 노래를 신명나게 불렀다. 신나게 박수를 치던 아이들이 자신들도 노래를 부르고 싶다고 해서 그렇게 하라고 했다. 일곱 명의 친구가 자리에서 튀어나오더니 어디서 배웠는지 그 영원한 고전 국민 가요 〈님과 함께〉를 우스꽝스러운 동작과 함께 불렀다. 어머니들은 물론이고 그때까지 조금 쑥스러운 모습으로 앉아 있던 아버지들까지 폭소를 터뜨리고 박수를 치며 함께 따라 불렀다. 할머니와 두 친구도 함박웃음을 지으며 함께 박수를 치고 있는 것이 보였다.

내가 상담 공부를 하면서 배운 것이 있다. 그것은 상담이란, 지금 있는 모습 그대로 세상을 아름답게 살아갈 수 있는 방법을 내담자에게 알려주는 것, 그러니까 지금 가지고 있는 것만으로도 충분히 아름답게 세상을 살아갈 수 있다는 희망을 전해주는 일이라는 것이었다.

분명 진수와 진수의 할머니는 불편함을 많이 안고 살아가고 있었다. 그러나 평범한 것이 참 소중하다는 것을 깨달은 속 깊은 진수와, 불편한 다리로 진수를 예뻐하며 함께 삶의 길을 걸어가는 할머니, 그리고 두 사람을 향해 기꺼이 눈물을 뿌려주는 친구를 볼 때, 내 제자 진수는 행복하게 삶을 살아갈 것이라는 확신이 들었다.

10초

개구쟁이라도 좋다. 튼튼하게만 자라다오.
— 아동 영양제 광고 문구

영빈이는 심한 장애를 앓고 있는 친구이다. 내장에도 문제가 있고 다리와 팔에도 문제가 있다. 그리고 얼굴에도 약간의 장애가 있다. 그래서 정기적으로 병원에 다녀야 하고, 방학은 대부분 병원에서 지낼 때가 많다. 병으로 인해 학교도 자주 빠진다. 그러다 보니 영빈이는 중학교 때까지는 학교에서 거의 말을 하지 않고 지내는 때가 많고 친구도 없었다고 한다.

그런데 고등학교에 와서 같은 반 친구들이 자신에게 말도 걸고 장난도 쳐서 처음에는 조금 어색했다고 한다. 그러나 차츰 친구들이 자신을 다른 친구와 다름없이 대한다는 사실을 알게 되었고, 더군다나 자신에게 도움을 주려고 할 때도 있지만 도움을 요청할 때도 있어서 기분이 좋아졌다고 한다. 일주일에 한 번씩 국어 시간에 쓰는 '행복 일기'에 영빈이는 이렇게 썼다.

"나는 요즘 새로운 세계를 살고 있는 것 같다. 그 새로운 세계에는 참 좋은 우리 반 친구들이 있다. 우리 반 친구들은 내가 몸이 불편한 것에 대해 걱정을 하지만 나를 동정하지는 않는 것 같다. 어떤 친구는 왜 그렇게 말이 없냐고 하면서 몸이 불편한 것이 부끄러워서 말을 안 하는 것이냐고, 그렇다면 그런 생각을 하는 게 정말 병신이라고 막 화를 냈다. 친구가 화를 내는데 나는 웃음이 났다. 그 친구가 나를 위해 그런 말을 하고 있음이 느껴졌기 때문이다. 그래서 나는 우리 반 친구들이 좋다. 몸이 불편한 나를 다른 아이들과 똑같은 친구로 대해

주는 우리 반 친구들을 만난 것은 내 인생에 가장 큰 행운이다."

그런 영빈이가 조금은 어눌한 목소리로 아버지에 대한 글을 읽기 시작했다.

"저는 아버지를 생각하면 아주 억울합니다. 아버지는 저에게 함부로 하셨습니다."

순간, 생활관 안은 싸늘한 냉기가 감돌았다. 나도 순간적으로 다른 사람들 앞에서 발표하면 곤란할 내용을 영빈이가 발표하려는 것이 아닌가 하고 긴장이 되었다.

'효도의 길' 시간에 읽을 글을 쓸 때 나는 학생들에게 어떤 마음을 담아 글을 쓰라고는 하지만 내용을 구체적으로 정해주지는 않는다. 학생들이 쓴 글을 미리 읽어보지도 않는다. 교사가 이렇게 저렇게 쓰라고 지시하거나 내용을 미리 읽으면 학생들이 솔직하게 자신을 표현하기 어렵기 때문이다. 다만 발표 후에 감당하기 어려울 것 같은 내용은 아직은 때가 아닌 것이니 가능하면 발표하지 말고, 발표하더라도 지나치게 구체적으로 발표하지는 말라고 주의를 준다. '효도의 길' 시간은 글의 내용이나 사실을 이해하고 분석하는 시간이 아니라 그 속에 담긴 학생들의 느낌이나 마음을 어루만지는 시간이기 때문이다.

그럼에도 간혹 분위기에 휩싸여서 지나치게 구체적으로 사건을 이야기하는 친구들이 있어서 나는 가끔씩 애를 먹기도 한다. 그런 까닭에 영빈이가 첫 문장을 읽은 순간 나도 모르게 불안감을 느낀 것이다. 더욱이 영빈이는 장애를 겪고 있는 친구이고, 그런 친구가 아버지에게 억울하다는 생각을 하고 있다면, 그 내용은 자칫 상황을 불편하게 만들 수도 있었다.

　영빈이도 분위기가 이상하다고 느꼈는지 고개를 들고 사람들의 표정을 보더니 눈이 휘둥그레졌다. 그리고 자신을 향해 집중된 눈길들에 부담스러워하며 나를 바라보았다. 내가 조용히 영빈이 옆으로 가서 영빈이가 쓴 글을 보았다. 순간 나는 웃음이 빵! 터졌다. 영빈이도 씩하고 웃었다.

　"선생님, 읽어도 될까요?"

　"오우 케이! 고영빈! 읽어라! 너 아주 억울했겠다. 영빈이 아버지 긴장하셔야겠습니다. 우하하."

　영빈이가 다시 글을 읽어 내려가기 시작했고, 궁금한 표정을 짓던 사람들도 여기저기서 웃기 시작했다.

　"저는 한 달 전에 처음으로 야동을 봤습니다. 몹시 떨렸습니다. 망설이고 망설이다 봤습니다. 그런데 10초밖에 못 봤습니다. 아버지가 문을 벌컥 열고 들어오신 것입니다. 저는 급히 컴퓨터를 껐습니다. 이제 아버지한테 야단을 심하게 맞겠구나 하고 생각하는데, 아버지께서 껄껄 웃으면서 말씀하셨습니다. '그런 거 너무 오래 보면 안 좋으니까 적당히 봐라' 하고요. 저는 10초밖에 보지 않았다고 말씀드렸습니다. 그것도 아버지가 들어와서 놀란 시간을 빼면 5초도 못 봤다고 말씀드렸습니다. 그런데 아버지는 제 말을 듣지도 않고 웃기만 하셨습니다. 지금 이 자리에 와 계신 아버지! 전 진짜 억울해요. 10초밖에 안 봤다니까요. 그리고 보기만 했어요. 아무 짓도 안 했다니까요! 그런데 왜 요즘 저만 보면 자꾸 웃으세요? 지난주부터는 엄마도 같이 웃고, 전 진짜 억울해요!"

생활관 여기저기서 계속 웃음이 터져 나왔다.

"영빈이 아버지 나와서 공식 사과 말씀 하고 싶으시면 기회를 드리겠습니다."

영빈이 아버지는 자리로 들어오는 영빈이의 등을 다독이더니 앞으로 나와서 마이크를 잡았다.

"영빈이에게 이 자리를 빌어서 공식적으로 사과합니다. 그런데 영빈아! 이거 알았으면 좋겠다. 나는 그날 우리 영빈이가 다른 친구들처럼 야한 동영상도 보는 남자 고등학생으로 자라준 것이 무척 고맙고 기뻤다. 그래서 웃은 거란다. 엄마도 그런 거고…… 영빈아, 야동에도 관심이 있는 아들로 자라줘서 고맙다. 정말……"

영빈이 아버지가 속에서 울컥하고 감정이 올라오는지 더 이상 말을 잇지 못하셨다. 그때 영빈이 어머니가 나오셨다.

"영빈이 엄맙니다. 오지랖 넓게 나와서 죄송합니다. 우리 집 남자들이 이렇습니다. 영빈이 아버지가 연애할 때부터 워낙에 마음이 약한 사람이라서 결혼도 제가 하자고 했답니다. 여러분들 보시다시피 영빈이 몸이 불편합니다. 이럴 때 어미 된 사람이 얼마나 힘들었을지는 짐작하실 겁니다. 영빈이 아버지, 이 마음 약한 사람이 제가 힘들어할까봐 또 영빈이가 마음 약해질까봐 늘 우리 앞에서 어두운 표정 한 번 보이지 않는 사람입니다.

이 바보 같은 양반이 속으로 얼마나 많은 눈물을 흘렸는지 저는 잘 압니다. 그런데 이 양반이 한 달 전에 가게에서 일하는 저를 불러내서 영빈이가 컴퓨터로 야한 것을 보고 있더라고 하면서, 그놈도 남자더라구! 하면서 웃다가 저를 붙잡고 눈물을 흘렸습니다. 연애 시절 말고 처음 보는 남편의 눈물이었어요. 저는 '그럼, 우리 영빈이가 남자지, 여자야? 별말을 다하고 있네' 했지만, 그러고 나서 사실 저도 울었습니다.

이야기를 하다 보니 다른 데로 이야기가 샜네요. 저는 영빈이 같은 반 친구들에게 고맙다는 말을 하고 싶어서 이 자리에 나왔습니다. 우리 영빈이 학교에 가기 정말 싫어하던 아이였거든요. 그런데 요즘에는 매일 학교에 가는 것이 그렇게 즐겁답니다. 즐겁게 생활해서 그런지 병원에 가는 날짜도 줄어들고 건강도 조금씩 좋아지고 있습니다. 다 영빈이 친구 여러분 덕분입니다. 아드님들을 이렇게 잘 키워서 우리 영빈이에게 힘을 주신 친구들의 어머니 아버지 들께도 정말 감사를 드립니다. 그 인사를 하고 싶어서 주책없이 이렇게 나왔습니다. 정말 감사합니다."

순박한 표정까지 닮은 영빈이 부모님께서 다른 부모님들을 향해 깊이 고개 숙여 절을 했고, 생활관에는 박수가 크게 울려 퍼졌다. 나도 손바닥이 얼얼할 정도로 박수를 쳤다.

　　영빈이의 부모님이 자리로 돌아가 앉은 뒤 내가 말했다.

　　"사람이 세상을 살아갈 때 가장 멋지게 살아가는 사람이 '유머'를 즐길 줄 아는 사람이라고 합니다. 그런데 그 '유머'는 고통을 경험한 사람만이 즐길 수 있다고 합니다. 힘겨운 상황을 건강한 웃음으로 만들어낸 영빈이와 부모님께 제가 오늘 한 수 배웠습니다. 그동안 참 힘드셨을 텐데, 그 힘겨움을 우리에게 웃음으로 전달해 주시고, 이렇게 감동을 느끼게 해주셔서 감사드립니다.

　　그리고 무엇보다도 '영빈이에 관한 것'보다 '영빈이 자신'을 더 중요하게 생각하시는 부모님 또한 정말 좋은 부모님이십니다. 세상에는 '자식'보다 '자식에 관한 것'에 더 신경을 쓴 나머지 자식들에게 아픔을 주는 부모님이 많으시거든요. '야동'보다 '영빈이'를 먼저 봐주신 부모님께 다시 한 번 감사드립니다.

　　아! 그리고 영빈이 부모님, 오해하지 말고 제 말을 들어주시길 바랍니다. 영빈이가 겪는 여러 가지 아픔은 어쩌면 영빈이가 평생 안고 가야 할지도 모르겠습니다. 물론 그 아픔들이 치료되기를 저도 바랍니다. 진심으로요. 그런데 말입니다. 저는 영빈이가 지금 겪고 있는 아픔들이 치료되는 것보다 더 중요한 것이 있다고 생각합니다. 그것은 영빈이가 현재 모습 그대로 세상을 아름답게 살아갈 수 있다는 믿음을 갖고 계셔야 한다는 겁니다. 그저 낭만적으로 말씀드리는 것이 아니에요.

영빈이가 충분히 행복하게 살아갈 수 있다는 증거를 말씀드리겠습니다. 제가 국어 선생이라서 더 자신 있게 말씀드립니다. 영빈이는 글을 참 잘 씁니다. 아까 발표할 때 느끼셨는지 모르지만 자신의 감정을 조리 있게 글로 잘 표현합니다. 다른 친구들에게는 조금 미안하지만, 제가 평소에 글쓰기 숙제를 내주면 영빈이보다 잘 쓰는 친구가 없습니다. 그러니까 몸은 약해도 뛰어난 부분이 있는 친구라는 말씀입니다. 어쩌면 지금 영빈이가 겪는 아픔들이 저 아이에게는 글꽃으로 피어나고 있는지도 모르겠습니다. 그리고 그 글꽃이 영빈이에게 치료제가 되고 있는지도 모르겠고요.

거기에다 영빈이는 엄청난 보물을 한 아름 갖고 있습니다. 그건 방금 어머님께서 말씀하신 것처럼 영빈이 주변에 있는 같은 반 친구들입니다. 함께 삶을 살아나갈 벗들이 영빈이에게 있습니다. 서로 사랑하며 살아가는 부모님도 계시구요. 그렇게 영빈이 개인적으로 재주가 있고, 함께 행복을 누릴 친구들이 옆에 있어서 영빈이는 지금 모습 그대로도 멋진 삶을 충분히 누릴 수 있는 친구입니다. 오늘 우리에게 웃음과 깊은 울림을 준 영빈이, 그리고 영빈이 부모님께 교사인 제가 한 수 잘 배웠다는 뜻으로 인사를 드립니다."

나는 영빈이 부모님을 향해 절을 했고, 영빈이 부모님은 자리에서 일어나서 맞절을 했다. 생활관 안에는 다시 박수가 울려 퍼졌다. 그리고 그날 이후 영빈이 별명은 '10초'가 되었다.

아버지보다
힘이 셌다면

엄마가, 아내가 말합니다.
그대는 우리 집의 기둥이라고 애절하게 말합니다.
아들이, 그리고 남편이 말합니다. 기둥이라서 힘들다고
처연하게 말합니다. 아들과 남편은 지금 기둥을 포기하고
싶은 것이 아닙니다. 기둥이라서 그저 힘들다는 이야기를
누군가에게 하고 싶었을 뿐이었습니다.
엄마가, 그리고 아내가 말합니다.
그대는 우리 집의 울타리라고, 그래서 우리는 든든하다고 말합니다.
남편이, 그리고 아들이 말합니다. 울타리 안쪽은 봄이지만
바깥쪽은 겨울이라고, 그래서 등이 너무 시리다고
죄를 지은 듯 말합니다. 아들과 남편은 지금 울타리
안쪽의 고운 꽃들에게 화를 내고 있는 것이 아닙니다.
그저 자신이 춥다는 것을 누군가에게 말하며
울고 싶다고 말하고 있을 뿐입니다.
그래서 아들과 남편은 친구입니다.
- 아버지 때문에 힘들어하는 한 학생과 상담 후 쓴 일기에서

"지금도 중학교 1학년 때 그날을 생각하면 억울하고 화가 납니다. 아마 그때 제가 아버지보다 힘이 셌으면 아버지를 때렸을지도 모르겠습니다. 그날 아버지는 어머니와 다투셨는데 일방적으로 밀리셨습니다. 아무 말도 못하고 앉아계신 아버지가 불쌍해서 저는 아버지 기분을 풀어드리려고 했습니다. 그래서 농담을 했는데, 어떤 농담을 했는지는 생각이 나지 않습니다. 아버지는 제 마음도 모르고 저를 때렸습니다. 아주 심하게 때렸습니다. 벌써 3년이 지났지만 그때만 생각하면 지금도 화가 납니다. 전 지금도 아버지를……"

영신이는 말을 다 맺지 못하고 눈물을 흘렸다. 나는 영신이의 등을 쓰다듬어주면서 영신이의 말을 듣고 있는 같은 반 친구들과 부모님들께 말했다.

"저는 지금 안타깝습니다. 영신이가 중학교 1학년 때부터 지금까지 억울하고 화가 나는 마음을 계속 간직하고 살면서 얼마나 힘들었을까 생각하게 됩니다. 그러나 한 단계 더 깊이 들어가서 이 친구의 마음을 보면 참 예뻐 보이기도 합니다. 영신이는 그 사건이 있었던 중학교 1학년 때나 지금이나 아버지를 진심으로 사랑하고 있으니까요. 그 마음은 아마 부모님들 눈에도 보일 것입니다.

중학교 1학년 때 영신이는 아버지를 위로해 드리려고, 그러니까 아버지를 사랑하는 마음에서 그런 행동을 했습니다. 그리고 지금 여기에서 아버지 때문에 억울하고 화가 난다고 말하는 영신이의 마음속에도 아버지와 화해하고 싶고, 아버지와 사랑을 주고받고 싶은 영신이가 있다는 걸 우리는 압니다. 이렇게 많은 사람 앞에서 눈물로 아버지에 대한 사랑을 고백하는 영신이의 모습을 여러분과 저는 지금 봤습니다. 이제 그만 아버지 때문에 힘들어하기 싫다는, 더 이상 아버지를 미워하고 싶지 않다는 영신이의 고백을 우리는 지금 들었습니다."

나는 평소에 영신이가 내성적인 친구임을 알았기 때문에 아버지 앞에서 그렇게 당당하게 발표할 수 있으리란 생각을 할 수 없었다. 그래서 당연히 생활관 교육에도 아버지를 부르지 않았을 것이라 생각하고 말을 이어나갔다.

"그런데 지금 이 친구, 온몸을 벌벌 떨고 있습니다. 중학교 1학년 때부터 참아왔던 일을 한꺼번에 세상에 내놓기가 그렇게 쉽지는 않았을 겁니다. 아버님 중 한 분이 나오셔서 영신이 아버지 역할을 해주시면 감사하겠습니다. 나와서 이 친구를 꼭 껴안고 '힘들었구나. 미안하다' 하고 말씀해 주시면 더 감사하겠습니다."

그때 조용히 앞으로 걸어 나오는 아버지가 눈에 띄었다. 한눈에도 영신이 아버지임을 알 수 있었다. 계속 고개를 숙이고 있어서 얼굴을 잘 볼 수 없었던 것이다. 영신이 아버지는 영신이를 힘껏 껴안으면서 "말하지 마라! 미안하다. 아빠가 미안하다!"라는 말을 몇 차례나 반복했다. 영신이도 아버지 품에 안겨 울음을 그쳤고, 우리는 모두 박수를 크게 치며 영신이의 순서를 마무리했다.

생활관 교육을 마치고 집으로 돌아가는 길에 나는 자꾸만 어색한 표정을 짓던 영신이 아버지의 모습이 떠올랐다. 아무래도 생활관 교육이 끝나고 집으로 돌아간 주말 동안 영신이와 영신이 아버지 사이에 불편한 일이 생길 것 같아 걱정이 되었다. 그래서 월요일 아침에 영신이를 불러서 아무 일 없었는지 물어보았다.

"아버지께서 어제 저녁에 저를 집 근처 포장마차로 불러내셨어요. 그리고 저에게 말씀하셨어요. 생활관에서 제가 아버지 이야기를 할 때 처음에 많이 놀라셨대요. 그리고 다른 부모님들이 쳐다보는 것 같아 부끄럽기도 하고 화가 나기도 하셨대요. 그래도 같은 반 친구들도 있고 선생님도 계시고 해서 그냥 절 안아주셨대요.

그런데 저를 안는 순간 아버지께서 울컥하셨대요. 저를 참 오랜만에 안아주었다는 생각이 들었대요. 그리고 집에서 곰곰 생각해 보니까 저에게 진짜로 미안하셨대요. 정작 아버지는 그 사건을 기억하지 못하고 있었는데, 저 혼자만 힘들었다고 생각하니 너무 미안하셨대요. 아버지가 자식을 혼자 팽개쳐버린 것 같아서 미안하셨대요. 그러면서도 한편으로 제가 참 대견하셨대요. 자신의 생각을 남 앞에서 그렇게 분명하게 발표할 정도로 잘 커준 제가 고맙다고…… 그러셨어요.

할아버지와 할머니가 무척 엄해서 아버지는 착한 아들로만 크셨대요. 그래서 늘 세상이 답답하셨대요. 그런데 저는 씩씩하게 자기 주장을 하는 것을 보니 좋으셨대요. 이제는 저와 사나이 대 사나이로 지낼 수도 있게 된 것 같아 참 마음이 든든해지셨대요. 그러시면서 저에게 술을 한 잔 주셨어요.

그날 아버지는 많이 드셨어요. 제가 아버지를 부축해서 집으로 왔는데요, 선생님, 우리 아버지가 별로 무겁지가 않더라구요. 중학교 때도 술에 취한 아버지를 부축해 드린 적이 많이 있었는데, 그때는 참 무거웠거든요. 집에 와서 어머니께 그러시더라구요. 이놈이 내 아들이라고, 이 박대승의 아들 박영신이라고 소리를 지르면서 웃다가 잠이 드셨어요."

"아버지가 왜 가벼워졌을까?"

나는 조금 편안한 마음이 되어 장난스레 영신이에게 물었다.

"처음에는 아버지 몸무게가 줄어들었나 하고 생각했어요. 그런데 아니었어요. 그대로셨어요. 어머니께서 '네가 힘이 세져서 그렇지 뭐' 하고 말씀하셨어요. 그런데 그건 아닌 것 같아요."

"영신이가 답을 알고 있는 것 같은데, 선생님 생각에는 영신이 힘이 세졌다는 어머니 말씀도 맞는 것 같고, 거기다가 하나 더 바로 아버지가 주신 사랑 때문에 힘이 더 커진 게 아닐까? 아버지가 너에게 주신 사랑만큼 아버지는 가벼워지고, 너는 세진 것 같은데……"

영신이는 말없이 고개를 끄덕였다.

영신이와 대화를 나눈 그날 나는 내내 즐거웠다. 저절로 웃음이 나왔다. 그리고 '그 아버지에 그 아들'이란 생각을 계속 했다.

영신이가 아버지에 대한 분노를 직접 아버지에게 반항하면서 풀지 않고 '효도의 길'이라는 공식 프로그램을 통해 표현한 것도 참 잘한 일이다. 만약에 영신이가 아버지에게 면전에서 반항하고 화를 내면서 말했다면 영신이 아버지는 당황해서 더 크게 화를 냈을지도 모른다. 그러나 영신이 아버지가 한 걸음 뒤에서 자신을 돌아볼 수 있었기 때문에 두 부자는 깊이 화해할 수 있었다고 나는 생각한다.

어쩌면 영신이는 아버지에 대한 분노를 표현하지 않고 계속 억누르며 살아갈 수도 있었을 것이다. 그것이 올바른 태도라고 생각하며 살아갔을지도 모른다. 사람이라면 마땅히 그렇게 살아야 한다고 자신을 합리화시켰을지 모른다. 그러다 보면 영신이는 이다음에 커서 자신에게 반항하는 아들을 도저히 용서하지 못하는 아버지가 될 확률이 더 크다. 그건 외로운 아버지가 된다는 뜻이다.

나를 더 즐겁게 만든 것은 영신이 아버지였다. 많은 경우 아버지들은 아들을 자신과 비교하면서 충고를 한다. 즉 "나는 부모님 말씀을 들으면서 이렇게 저렇게 살아왔는데, 너는 왜 그렇게 살지 못하느냐?" 또는 "나는 부모님 때문에 이런 사람밖에 못 되었지만 넌 그래선 안 된다"는 말을 아들들에게 많이 한다. 술을 마시고 들어온 날 이런 이야기를 계속 반복하는 아버지도 많이 있다.

그런데 대화라는 것을 잘 생각해 보자. 대화를 할 때는 말하는 사람과 듣는 사람이 있어야 한다. 아들에게 어떤 충고를 해주려고 해도 말을 하는 아버지와 그 말을 듣는 아들이 그 자리에 있어야 한다. 그런데 아버지가 자신의 입장만 계속 이야기하면 그 자리에서 그 말을 듣는 아들은 어디론가 사라져버린다. 나이 들고 술 취한 '아직도 어린 아들' 한 명이 혼자서 독백하는 무대가 되어버린다. 동시에 아들은 '없어진 아버지' 때문에 당황하고 짜증이 난다. 그래서 몸은 그 자리에 있지만 마음은 이미 그 자리를 떠나버리고, 심지어 나중에는 몸마저 그 자리에 오지 않으려 한다.

그렇지만 영신이 아버지는 아들의 입장에서 이야기를 했다. 과거 자신이 아들이었던 경험을 이야기하면서도 자식의 부족함에 초점을 맞춘 것이 아니라 잘 커준 아들에게 초점을 맞추었다. 그 자리에는 아들을 감싸 안고 자랑스러워하는 고마운 아버지가 있었다. 술을 한 잔 건네는 친구 같은 아버지가 계셨다. 아들에게 자신을 대신해서 무엇을 해달라고 요구하는 '아직도 어린 아들'인 남자가 있는 것이 아니라, 이렇게 커줘서 고맙다고 이야기하는, 고개 숙일 때는 당당하게 고개 숙일 줄 아는 멋진 인생의 선배가 있었다.

아마도 그날 두 부자가 마신 술은 정말로 달콤했을 것이다.

그건 너의 잘못이 아니야

어제 엄마와 아빠가 싸웠습니다. 무서워서 우는
여동생을 데리고는 집 밖으로 나와버렸습니다.
저는 우리 부모님이 제 문제로, 그러니까
제가 잘못한 일로 싸웠으면 좋겠습니다.
제가 잘못을 뉘우치고 잘하면
우리 부모님이 안 싸우실 테니까요.
- 생활관 '효도의 길' 시간에 발표한 어느 학생의 글에서

사랑은 개인적인 것이 아니다. 두 사람 이상이 오고가는 느낌 속에서 만들어지는 감정이다. 그리고 대개 그 사랑을 가장 처음 경험하는 곳은 가정이다. 그러나 그에 못지않게 미움을 경험하는 곳도 가정이다. 희망과 좌절, 자부심과 죄책감을 강하게 경험하는 곳도 가정이다. '효도의 길' 시간은 그 마음들 중에서 죄책감에 시달리고 있는 학생이 자신의 아픔을 다른 이들에게 털어놓으면서 사랑을 깊게 경험하고, 이를 통해 자유로워지는 과정이기도 하다. 그날 사림이와 우리가 만들어낸 시간이 바로 그런 시간이었다.

아주 듬직하게 생긴 사림이가 차분하게 글을 읽어 내려가다가 결국 목을 놓아 울며 말했다.

"저는 우리 반 회장입니다. 그리고 지난번 중간고사 때 전교에서 5등을 했습니다. 우리 반 대표 배구 선수와 축구 선수이기도 합니다. 꽃미남은 아니지만 얼굴도 그럭저럭 정이 가게 생겼다고들 말합니다. 하지만 제가 처음부터 이렇게 어른들께 칭찬받고 친구들과 잘 지내는 학생은 아니었습니다. 저는 초등학교 5학년 때부터 담배를 피웠고, 가게에서 물건을 훔쳤고, 후배들을 때렸습니다. 그리고 심지어는 여학생들을 괴롭히기까지 했습니다.

그래서 어릴 때부터 경찰 아저씨들을 만나게 되었고, 혼자서 저를 키우신 어머니께서는 경찰서에서 손이 발이 되도록 빌기도 했고, 중학교 때는 학교 교무실에서 무릎을 꿇고 울다가 기절하시기까지 했습니다. 병원에 실려 간 어머니 옆에서 밤새 어머니 간호를 하면서 저는 기도했습니다. 우리 어머니만 깨어나게 해주시면 다시는 나쁜 짓을 하지 않겠다고 하느님께 기도하고 또 기도했습니다. 다행히 어머니는 깨어나셨고, 저는 고향 광주에서 서울로 전학을 오게 되었습니다.

그리고 중학교 2학년 때부터는 진짜로 열심히 생활했습니다. 코피를 흘려가며 공부를 했고 운동을 했습니다. 친구들도 범생이만 골라 사귀었습니다. 그런데 이상한 것은 어머니가 저를 칭찬하시다가도 가끔 슬픈 표정을 짓곤 하는 것이었습니다. 그러면서 너의 인생은 너의 것이니까 너무 엄마를 생각하며 살지 말라고 말씀하시곤 했습니다. 그리고 친구들을 가려 사귀는 것은 썩 좋지 않다는 말씀도 하셨습니다. 그래도 저는 또 어머니를 힘들게 하기 싫어서 열심히 공부하고 열심히 운동하고 좋은 친구들만 사귀었습니다. 그렇게 하는 것이 외롭고 힘들게 느껴질 때도 있었지만 어머니가 경찰서나 병원에 가는 것보다는 견딜 만했습니다. 저는 광주에서 지냈던 초등학교, 중학교의 제 모습에서 완전히 벗어난 줄 알았습니다.

그런데 지금 저는 광주에서 그렇게 난장을 질러댔던 제 지난 시절이 다시 생각납니다. 왜냐하면 지금 이 자리에 계셔야 할 어머니가 계시지 않기 때문입니다. 제가 생활관에 들어오기 사흘 전에 어머니는 자궁암 판정을 받으셨고, 지금 수술을 받기 위해 병원에 입원해 계십니다. 제가 어린 시절 속을 썩인 것 때문에 어머니가 암에 걸리셨다는 생각이 듭니다. 저 때문에, 저 때문에, 이 나쁜 놈 때문에 어머니가 병원에 누워 계신다는 생각이 자꾸 듭니다. 그런데 저는 지금 어머니를 위해서 아무것도 할 수 있는 게 없습니다. 가슴이 너무……"

사림이는 말을 맺지 못했다. 사림이의 얼굴은 눈물과 콧물로 범벅이 되었다. 친구 중 한 명이 화장지를 건넸지만 사림이는 화장지를 받을 여유조차 없이 울고만 있었다. 나는 조용히 다가가서 사림이의 등을 쓰다듬고 또 쓰다듬으면서 더 크게 울라고 했다. 속에 있는 슬픈 것이 다 녹아 없어질 때까지 마음 놓고 울라고 했다.

사림이의 죄책감은 깊었다. 공부도 열심히 하고, 운동도 열심히 하고, 친구도 좋은 친구를 사귀어서 어머니에 대한 죄책감에서 벗어나려고 했으나, 사림이는 실패했다. 아니 실패했다고 생각했다. 사림이는 자신의 존재 자체가 소중한 것이 아니라 '자신이 갖고 있는 것'이 더 중요하다고 생각했던 것이다. 그래서 어린 시절 엄마가 힘들어하셨던 것도 '자신이 했던 어떤 일들' 때문이라고 판단한 것이다. 그래서 사림이는 최선을 다해 노력하면서 생활해 왔지만 어머니가 병원에 입원했다는 현실과 만나자 어쩔 줄 모르고 당황하기 시작했고, 병든 어머니를 위해 현재 자신이 할 수 있는 것이 아무것도 없다고 생각한 것이다. 나는 사림이의 이야기를 들으면서 엄마가 아픈 것이 자신의 과거 잘못 때문이라고 생각하는 그 죄책감으로부터 벗어나게 해주고 싶었다.

울고 있는 사림이를 슬픈 눈으로 바라보는 반 친구들과 부모님들께 말씀드렸다.

"여러분! 이 덩치 큰 고등학생 사내 놈 마음속에 어린아이가 앉아 있는 게 보입니까? 엄마가 아픈 게 자기 때문이라고 생각하는, 그래서 어쩔 줄 몰라 하며 벌벌 떨고 있는 어린아이가 보이나요? 자기 잘못도 아닌데 자기가 큰 죄를 지은 것처럼 무서움에 떨고 있는 작고 어린 친구가 보이세요? 흘러가 버린 초등학교, 중학교 그 시절, 그 시간, 그 사건들에 짓눌려서 지금 이 고등학교 시절을 힘겹게 보내는, 정말 바보처럼 착한 이 친구의 모습이 보이십니까? 이 친구의 어머님이 지금 이 자리에 계신다면 그분께 부탁드리겠지만, 그렇지 못한 상황이니 다른 어머님들께 부탁을 드리겠습니다. 나오셔서 이 친구를 안아주시겠어요? 내 아들이라 생각하고 꼭 안아주실 수 있나요? 꼭 안은 채 이렇게 말씀해 주신다면 고맙겠습니다. 그건 너의 잘못이 아니라고 말입니다. 부탁드리겠습니다."

눈물을 훔치며 앉아 있던 어머니들 중 한 분이 나와서 사림이를 꼭 껴안아주셨다. 그리고 사림이의 귀에 대고 속삭이듯 말씀하셨다.

"사림아, 엄마 괜찮아. 엄마가 아픈 건 네 잘못이 아니야."

내가 그 어머니를 향해 말했다.

"어머니, 감사합니다. 엄마가 아픈 건 네 잘못이 아니라고 한 번만 더 말씀해 주시겠습니까?"

어머니는 다시 애절하게 말씀하셨다.

"엄마가 아픈 건 네 잘못이 아니야. 사림아, 네 잘못이 아니야."

"한 번만, 한 번만 더 말씀해 주십시오."

어머니는 더욱 애절하게 말씀하셨다.

"그건 우리 사림이 잘못이 아니야. 사림이 잘못이 아니야."

사림이는 더 큰 소리로 울음을 쏟아내기 시작했다. 점점 더 커지는 사림이의 통곡소리를 듣던 다른 어머니 서너 분이 나오더니 사림이를 둘러싸고 함께 안아주셨다. 어떤 어머니는 함께 울어주셨고, 어떤 어머니는 머리를 쓰다듬어주셨고, 어떤 어머니는 사림이의 손을 꼭 잡아주셨고, 어떤 어머니는 어깨에 손을 얹고 계속 다독거리시다가 뺨에 뽀뽀까지 해주셨다.

이 모습을 보자 반 친구들도 모두 함께 울었다. 그리고 조금 전에 사림이에게 화장지를 건네려 했던 친구는 여전히 화장지를 들고 서 있었다. 어머니들이 모두 자리로 돌아간 후에 그 친구는 다시 사림이에게 화장지를 건넸고, 사림이는 고맙다며 받아서 얼굴을 닦았다. 나는 사림이의 얼굴에 붙은 화장지조각을 떼어주면서 사림이에게 미소를 보냈다. 사림이가 나를 안았다. 그리고 나한테만 들릴 정도로 자그마한 소리로 속삭였다.

"선생님, 고맙습니다."

그러고는 친구들과 부모님들을 향해 인사를 하고 자기 자리로 돌아갔다. 자리로 들어가는 사림이에게 친구들이 하이파이브를 하고 엉덩이를 쳐댔다.

나는 마이크를 잡았다.

"선생 티 좀 내겠습니다. 말을 길게 하겠다는 말입니다. 우선 부모님과 친구 들에게 두 가지 기도를 부탁드리겠습니다. 첫 번째는 사림이 어머니께서 수술을 잘 마치고 퇴원해서 일상 생활을 하는 데 지장이 없었으면 하는 마음을 담아서 기원해 주셨으면 하는 것입니다. 그리고 두 번째 기도는 사림이가 더 이상 엄마를 위한 인생을 살지 않도록 기원해 주십사 하는 것입니다. 그것은 사림이를 위한 기도이기도 하지만 동시에 사림이 어머니를 위한 기도이기도 합니다.

'착한 아들'이 되려는 사림이의 노력이 그저 어머니만을 위한 것이라면 어머니는 얼마나 힘드실까요? 자기 자신보다 다른 이를 더 사랑한다면 사랑하는 그 사람과 헤어질 때 엄청난 상실감을 느끼고 결국 자기 자신도 잃어버리게 됩니다. 효자가 되지 말라는 말이 아닙니다. 어머니만 생각하고 살아가는 사람이 아니라 자신을 먼저 사랑하면서 삶을 잘 엮어나가는 사람이 효자입니다. 그 모습을 보고 부모님들은 기뻐하는 거지요. 그렇게 기쁨을 드리는 것이 진정한 효자입니다.

사림이 어머니가 왜 사림이에게 친구를 가려 사귀지 말라고 했을까요? 모범생이나 완벽한 친구만 사귀려 한다면 과연 사림이 주변에 친구가 있을 수 있을까요? 어쩌면 사림이의 능력이 뛰어난 것을 보고 우정보다는 필요 때문에 사림이에게 다가선 사람만 사림이 주변에 남게 되지 않을까요? 친구는 필요하니까 맺어지는 관계가 아닙니다. 서로 좋아하고 마음이 통하면 친구가 되는 거죠. 거기에는 조건이 필요 없습니다. 사림이가 만나야 할 사람은 사림이가 그저 좋아서, 좋아서 평생 함께 갈 수 있는 친구여야 합니다. 사림이 어머니는 그것을 걱정하신 걸 겁니다. 자신 때문에 자식이 친구 없는 힘든 인생을 살아갈까 봐 걱정하신 거지요.

여러분도 잘 아시는 영화 〈굿 윌 헌팅〉에서 사림이처럼 이것저것 모두 뛰어난 주인공에게 공부를 썩 잘하지 못하는 친구가 한 말이 생각납니다. 주인공이 자신도 이렇게 막노동을 하며 살겠다고 말하자 그 친구는 이렇게 말하지요. '네가 만약 20년 후에도 이딴 막노동이나 하고 울 엄마 방에서 야동이나 보고 있으면 그땐 내가 널 죽일 거야. 넌 당첨 번호를 쥐고 있는데 돈으로 바꾸기를 두려워할 뿐이잖아.' 여러분도 여러분의 회장 연사림에게 그렇게 말해주십시오. '넌 우리의 회장이야. 그리고 친구야. 너의 어머니는 우리의 어머니이기도 해. 너 혼자 짐 짊어지려고 하지 마. 너의 능력을 마음껏 펼쳐! 그렇게 하지 않으면 우리 모두 너에게 주먹질을 해댈 거야!'

이제 사림이에게 말하려고 합니다. 사림아! 미안하지만 넌 그리

완벽한 아들이 아니야. 성적도 전교 5등이긴 하지만, 우리 학교에는 너보다 공부 잘하는 아이들이 네 명이나 있고 전국적으로 보면 훨씬 더 많아. 그리고 운동도 너보다 잘하는 아이가 더 많을 거야. 어쩌면 넌 평생 완벽한 아들이 될 수 없을지도 몰라. 그리고 사림이 어머니도 완벽한 분이 아니셔. 자식에게 이렇게 울게 만든 엄마가 완벽한 엄마라고 할 순 없지. 그렇지만 세상에 완벽한 엄마는 단 한 사람도 없단다. 늘 자식에게 미안해하고 부족함을 느끼는 게 엄마거든.

그런데 오늘 우리가 왜 너를 위해 눈물을 흘렸는지 아니? 그건 너와 어머니가 서로를 향해 완벽해지려고 하는 마음, 그 마음이 예쁘고 고마워서야. 그거면 됐어. 사람들이 살아갈 때 가장 중요한 것은 비록 부족하지만, 완전할 수는 없지만, 서로에게 완벽해지려고 애쓰는 그 마음이야. 그것을 우리는 사랑이라고 부르지. 오늘 네가 어머니를 사랑하는 마음, 어머니께서 너를 사랑하는 마음을 우리에게 보여줘서 참 고맙다. 그리고 지금 너는 어머니를 충분히, 잘 사랑하고 있어.

여러분, 제 말이 맞지요? 맞다고 생각하시면 사림이에게 박수를 보내주시겠어요?"

생활관 전체가 무너질 듯한 큰 박수가 울려 퍼졌다. 그날 생활관에서 우리는 사림이 어머니의 아픔과 사림이의 슬픈 과거 덕분에 참 아름다운 사람 냄새를 맡을 수 있었다.

담배를 끊어야 하는 이유

손님을 맞이할 때
밥상을 정성스럽게 차리는 것은 중요합니다.
그러나 밥상을 차리는 데 지나치게 열중하다 보면
정작 손님과 진솔한 이야기를 나눌 수 없을 때가 종종 있습니다.
손님보다 밥상이 더 중요한 존재가 되어버리면
손님은 투명 인간이 되어 그 자리에 남아 있을 수도 있습니다.
아무도 관심을 가져주지 않는 투명 인간으로……
- 집단 상담을 하던 중 '예의'에 얽매인 나에게
다른 집단원이 건네준 말

'효도의 길' 시간을 진행하기 전에 한 시간 정도 학생들과 글 쓰는 시간을 갖는데, 그때 나는 이렇게 말하곤 한다.

"그동안 부모님께 말씀드리고 싶었지만 차마 말씀드리지 못한 이야기가 있으면 이번 기회에 말씀드려라. 여러분이 어떤 이야기를 하더라도 선생님이 뒤에서 도움을 줄 테니까 망설이지 말고 하길 바란다. 너희가 그런 이야기를 하는 것은 부모님과 화해하고 싶은 마음이, 그러니까 부모님을 사랑하는 감정이 밑바탕에 있으니까 하는 거라고 선생님은 믿는다."

순수한 열일곱 사내 녀석들은 내 말을 듣고 가슴 저 아래 숨겨두었던, 그러나 늘 하고 싶었던 이야기를 솔직하게 뱉어놓곤 한다. 그리고 그 과정을 통해 부모님과 새롭게 만나는 모습을 프로그램에 참가한 다른 사람들에게 보여준다. 민영이가 담배를 끊겠다고 선언한 것도 그런 경우였다.

"전 초등학교 6학년 때부터 담배를 피웠습니다. 그러니까 고등학교 1학년인 올해까지 4년 동안 피웠습니다. 전 어머니를 사랑하고 존경합니다. 우리 아버지는 제가 초등학교 3학년 때 간암으로 돌아가셨습니다. 그때부터 지금까지 어머니는 저와 동생에게 아버지 역할까지 해주신 분이었습니다. 그래서 저는 담배 피우는 나쁜 아들의 모습을 보여드리기 싫었습니다.

하지만 담배를 끊기는 쉽지 않았습니다. 그래서 늘 어머니 몰래 담배를 피웠고, 저는 어머니가 그 사실을 모르는 줄 알았습니다. 그런데 동생이 저에게 말했습니다. 어머니는 꽤 오래 전부터 제가 담배 피우는 것을 알고 있었다고. 그래도 제가 알아서 담배를 끊을 것이라고 동생에게 말씀하셨다고 합니다. 전 그런 줄도 모르고…… 전 나쁜 놈입니다. 저를 믿어준 어머니를 속인 나쁜 놈입니다.

우리 어머니는 불쌍합니다. 제가 중학교 3학년 겨울 방학 때 알바를 해서 번 돈으로 어머니께 핸드크림을 사드렸습니다. 장난삼아 어머니 손에 직접 핸드크림을 발라드리려고 했을 때, 저는 여자의 손, 아니 사람의 손이라고 볼 수 없을 정도로 망가진 어머니의 손을 보았습니다. 식당에서 밤늦게까지 일하시는 것은 알았지만, 어머니의 손이 그렇게 망가진 줄은 몰랐습니다. 아직도 젊으신데 어머니는 우리 두 형제를 위해서 여자로서 부끄러운 손을 갖고 살아가고 계셨습니다. 그런 어머니를 보면서도 저는…… 담배를 끊지 못했습니다. 저는 정말 나쁜 놈입니다."

민영이는 지금 왜 이런 고백을 하고 있을까? 물론 민영이의 마음을 헤아려보면 고생하는 고마운 어머니께 미안한 마음이 크기 때문에 그랬다는 것을 알 수 있다. 발표하는 내내 계속해서 스스로를 나쁜 놈이라고 말할 정도로 민영이의 마음속에는 어머니께 죄를 지은 나쁜 놈이라는 생각이 크게 자리 잡고 있었다.

그런데 그 죄책감보다 더 깊은 잠재 의식 속에는 어쩌면 자신의 잘못 때문에 어머니가 자신을 버릴지도 모른다는 '분리 불안 심리'가 깔려 있는 것처럼 보였다. 내가 그런 짐작을 하게 된 것은 아이러니하게도 민영이가 핸드크림을 선물했다고 말할 때였다. 말썽쟁이 아들이 고생해서 번 돈으로 엄마에게 선물을 사드린 것은 박수칠 만한 일이지만, 거기에는 어쩌면 엄마가 자기 곁을 떠나지 말았으면 하는 무의식이 작용했다고 볼 수 있다. 대부분의 선물은 상대가 나와 함께 있어 줬으면 하는 마음이 깃들어 있기 때문이다.

글을 다 읽고 난 후에도 민영이는 꺽꺽대며 울음을 참으려고 애쓰고 있었다. 나는 그저 민영이의 등만 쓰다듬어주고 있었다. 그때 부모님들 사이에 앉아 계시던 민영이 어머니께서 자리에서 벌떡 일어나 큰소리로 말씀하셨다.

"아들! 울지 마! 난 네가 담배보다 소중해. 왜 담배 때문에 우리 아들이 울어야 해? 괜찮아. 울지 마. 엄마 괜찮아!"

생활관에 민영이 어머니의 소리가 울려 퍼졌다. 아! 그 어머니의 소리는 내 가슴을 시원하게 뻥 뚫어주었다. 결론부터 말하면 그것은 민영이의 고민을 한 방에 날려버린 소리이기도 했다. 담배보다 자식이 소중하다는 말, 담배를 피우건 안 피우건 내 자식이라고 생각하는 어머니의 태도는 자식에게 힘을 실어주는 더없이 소중한 말이었다. 민영이와 담배, 어느 것이 더 중요하고 본질적인 것인가를 민영이 어머니는 정확하게 꿰뚫고 계셨다. 민영이가 담배를 끊고 안 끊고는 두 번째 문제였다.

어머니의 그 큰 외침 이후, 민영이에게 생긴 어떤 문제로 인해 민영이와 엄마의 관계가 깨지지 않을 확률은 훨씬 높아졌다. 틀림없이 민영이는 이전보다 긍정적이고 편안한 마음으로 세상을 살아갈 것이다. 돌아갈 자리가 하나 있다는 것, 그리고 그곳에 가면 늘 나를 소중하게 생각하고 믿어주는 존재가 있다는 사실보다 마음 든든한 일은 세상에 없을 것이다.

민영이는 여전히 울음을 참느라 애를 쓰고 있었고, 여기저기서 작은 흐느낌들이 흘러나오기 시작했다. 그 잔잔한 흐느낌을 들으면서 내가 민영이에게 말했다.

"옥민영! 이젠 울어도 되겠다. 방금 어머니께서 크게 울라고 허락하신 말씀 들었지? 담배를 피우건 안 피우건 넌 어머니의 소중한 아들이라고 하셨어. 이젠 실컷 울어도 되겠다. 그동안 그 울음 참느라 얼마나 힘들었니? 담배 피운 것이 무슨 큰 죄도 아닌데 그동안 숨기느라고 얼마나 힘들었을까? 어머니가 그 사실을 알고 계시다는 걸 알았을 땐 또 얼마나 힘들었을까? 아르바이트해서 번 돈으로 가장 먼저 어머니 선물을 사는 효자 민영이가 얼마나 힘들었을까? 힘든 것도 미치겠는데 실컷 울지도 못했잖아! 그래 그동안 참아왔던 울음 한번 크게 울어라. 민영이 어머니, 그리고 부모님들 죄송합니다. 저도 이 제자 놈 붙잡고 좀 울겠습니다. 이 녀석, 지금 바들바들 온몸을 떨고 있습니다."

나는 민영이의 뺨을 두 손으로 감쌌다. 민영이의 눈과 내 눈이 마주쳤다. 나는 조용히 속삭이듯 말했다. 괜찮다고, 너의 어머니는 너를 떠나지 않는다고 말했다. 그 말을 반복하고 또 반복했다. 울먹이며 반복했다. 민영이가 내 품에 안기더니 울음을 토해내기 시작했다. 민영이의 감정이 나에게 그대로 전해와서 나도 울었다. 눈물이 뜨거웠다. 내 가슴을 적시는 민영이의 눈물도, 내 얼굴을 타고 조용히 흐르는 눈물도 모두 뜨거웠다. 민영이 어머니께서도 자리에 주저앉아 울기 시작했다. 나는 민영이를 잠시 자리에 앉히고 민영이 어머니에게 다가가서 무릎을 꿇고 앉아 어머니의 거친 손을 잡고 말씀드렸다.

"어머니, 잘하셨어요. 민영이 저 친구, 아버님 몫까지 참 잘 키우셨네요. 이 거친 손이 저는 참 예뻐 보여요. 어머니, 저놈 담배 피우는 거 알고 얼마나 놀라셨어요? 그리고 알면서도 참느라고 얼마나 힘드셨어요? 의논할 남편도 없이 얼마나 외로우셨어요? 그래도 끝까지 아들 믿고 기다려주셨네요. 민영이 저놈은 충분히 그럴 능력이 있다고 믿어주신 것, 정말 잘하셨어요. 힘드신 것 꾹 참고 저 놈 스스로 세상 살아가는 법 잘 가르치셨네요. 고맙습니다. 어머니, 고맙습니다."

민영이 어머니는 고개를 끄덕이면서 의자에서 내려와 나와 함께 무릎을 꿇고 울기 시작했다. 나는 손짓으로 민영이를 불렀다. 어머니

옆으로 와서 무릎을 꿇고 앉은 민영이는 자신의 큰 품으로 자그마한 어머니를 꼭 껴안았다. 생활관 곳곳에서 눈물의 잔치가 벌어지기 시작했다. 민영이의 친구들은 고개를 숙인 채 계속 울고 있었고, 부모님들께서는 서로 화장지를 나눠주며 눈물을 닦고 자식들에게도 화장지를 건넸다.

　어느 정도 울음이 잦아들었을 때, 눈이 벌겋게 된 민영이가 할 말이 있다고 하였다.

　"저 오늘부터 담배를 끊겠습니다."

　순간, 여기저기서 박수가 터져 나왔다. 그러나 아버지들 중 몇 분은 박수를 치지 않고 미소만 머금고 계셨다.

　"그거 아주 좋은 생각이다. 그런데 민영아, 담배를 끊는 것은 감정으로만 되는 것은 아니란다. 선생님은 이렇게 많은 사람 앞에서 담배를 끊겠다고 약속을 해놓고 그것을 지키지 못해 괴로워하는 민영이를 보기는 싫은데…… 그냥 노력하겠다고 표현하는 것이 어떨까?"

　"아닙니다. 전 오늘부터 반드시 담배를 끊겠습니다."

　"음, 좋아. 그렇다면 왜 그런지 분명하고 정확하게 이유를 말해줄 수 있겠니? 혹시 어머니 때문이니?"

　"아닙니다. 제가 선택한 결정입니다. 왜냐하면 담배보다 제가 더 소중하니까요. 그리고 전 담배를 이길 자신이 있습니다. 왜냐하면……"

잠시 숨을 멈춘 뒤 민영이가 말했다.

"전 세상에서 제일 힘센 우리 엄마의 아들이니까요. 엄마가 절 도와주실 테니까요."

민영이가 워낙에 큰 소리로 말을 해서 모두 깜짝 놀랐다. 그리고 잠시 정적이 흘렀다. 그 정적을 깨고 한 아버지께서 박수를 치셨다. 그리고 앞으로 나와서 함박웃음을 지으며 민영이를 껴안아주셨다. 다른 친구들의 아버지도 차례로 나와서 민영이를 안아주고 얼굴을 만져주고 머리를 쓰다듬어주셨다.

나는 그날 집으로 돌아오면서 아버지들이 민영이를 껴안아주는 모습을 되새겨보았다. 그때 민영이를 안아준 아버지들 모습 속에서 한 번도 뵌 적이 없는 민영이 아버지를 뵌 것 같은 느낌을 받았다. 그건 아마도 이 땅의 모든 아들들을 진심으로 사랑하는 아버지들 속에 민영이 아버지의 마음이 내려왔기 때문이라고 지금도 나는 믿는다.

죄인과 해결사

베드로가 말합니다.
"예수님을 만난 것을 기적으로 생각하냐구요?
아니요. 그건 선물이죠. 기적은 밤새도록 그물을 던졌는데
고기 한 마리 잡지 못한 것이죠. 그건 물고기 잡는 일은
둘째가라면 서러워할 내가 예상하지 못한 일이었거든요.
내 능력과 내 지혜론 감당하기 어려운 일이었어요.
왜 그런 일이 일어났는지 짐작할 수도 없는 일,
우리 가족이 굶어죽을지도 모를 일, 정말 무섭고
이해할 수 없는 일이었죠. 그런데 그 사건이 나를
사람을 낚는 어부가 되게 했어요. 어두운 절망의 바다,
물고기 한 마리 없는 빈 그물이 나를 세상을 향해 진리를 외치는 사람
이 되게 했어요. 그게 기적이에요. 그리고 그날 이후
난 감당하기 어려운 일이 닥쳤을 때, 그 뒤에 숨은
선물이 있다는 것을 알게 되었어요. 기적의 의미는 생각보다
더 깊은 거예요. 그 기적의 의미를 깨닫는 데는 시간이 필요해요.
지금 당신에게 그 말을 해주고 싶어요."
- 김형갑 목사(필리핀 선교사)의 설교 중에서

"제 아버지는 건설 현장에서 사고를 당했습니다. 치료를 하셨지만 결국 한쪽 다리가 불편하게 되셨습니다. 이젠 지팡이가 없으면 잘 걷지를 못하십니다. 그래서 좋아하던 등산도 잘 못하십니다. 산을 좋아하는 아버지를 위해서 지난번에 우리 가족이 모두 함께 산에 갔습니다. 아버지는 힘겨워하시면서 산 입구에서 기다릴 테니 어머니와 형과 저만 올라갔다 오라고 하셨습니다. 형과 저는 아버지를 그냥 혼자 계시게 할 수 없어서 아버지를 교대로 업고 산을 올랐습니다. 보시다시피 형이나 저나 모두 아버지를 닮아서 덩치도 크고 힘에는 자신이 있었습니다.

그런데 아직은 무리였나 봅니다. 산꼭대기까지 올라가지 못하고 중턱에서 그만 포기해야 했습니다. 정말 화가 났습니다. 그날 형과 저는 약속을 했습니다. 이다음에 돈 많이 벌자고 했습니다. 그래서 아버지가 편하게 산꼭대기까지 걸어가실 수 있도록 해드리자고 했습니다. 그리고 돈을 많이 못 벌면 운동이라도 열심히 해서 힘센 사람이 되자고 했습니다. 그래서 산꼭대기까지 아버지를 업고 가서 아버지가 산꼭대기에서 세상을 향해 힘차게 '야호! 야호! 야호!' 하고 외칠 수 있도록 하자고 약속했습니다. 아버지, 조금만 기다려주세요. 아버지! 사랑합니다!"

'효도의 길' 시간에 발표를 듣다 보면 '죄인'과 '해결사'를 많이 만나게 된다. 여러 가지 이유로 부모님께 죄책감을 느끼고 있거나, 부모님을 기쁘게 하는 어떤 일을 해서 부모님의 고통을 해결해 드리겠다는 다짐을 하는 학생이 많다. 자신의 인생이 아닌 부모의 인생에 대한 이야기만 하는 '죄인'과 '해결사'를 보면서 저 아이들은 사는 게 얼마나 힘들까, 그리고 우리 부모들은 저 아이들을 왜 저렇게 힘겹게 만들었을까 하는 생각을 하게 된다.

그날 노민이도 '해결사' 역할을 하겠다고 했다. 진심이었을 것이다. 그러나 그 이야기를 듣는 내 마음은 무거웠다. 노민이가 아버지를 등에 업고 세상을 살아가는 것이 지금 결심처럼 쉽게 되는 일은 아닐 것이기 때문이다. 그런데 아버지를 도와주는 해결사 역할을 감당하기 위해 돈과 힘을 얻는 것에 삶을 투자하겠다는 노민이의 생각이 그리 썩 좋은 선택은 아니라는 것을 이야기해 주기가 어려웠다. 또한 지금 노민이의 감정 상태로는 받아들이기도 어려울 것 같았다. 그래서 나는 그날 그저 노민이의 말을 공감하는 정도로만 순서를 진행하려고 마음먹었다.

노민이는 처음에는 아주 힘찬 목소리로 어른스럽게 글을 읽기 시작했지만 점점 소리가 작아졌다. 중간중간 이를 악물고 심호흡을 하고 나서 글을 읽기도 했다. 결국은 울먹거리는 소리를 내며 읽기를 끝냈다. 그래서 그리 길지 않은 글이었음에도 다 읽는 데 꽤 긴 시간이 걸렸다. 나는 울먹이는 노민이의 등을 쓰다듬어주다가 노민이를 향해 두 팔을 벌렸다. 노민이가 나를 마주 안았다. 나는 노민이의 아버지를 보면서 말씀을 드렸다.

"아버님, 고맙습니다. 선생 하는 맛 느낄 수 있도록 아드님 잘 키워주셔서 감사합니다. 제가 어디 가서 내 제자 중에 최노민이란 친구가 있다고 자랑하게 해주셔서 고맙습니다. 그놈이 효자인데 바로 내가 그 최노민이라는 놈의 선생이라고 폼 잡을 수 있게 해주셔서 감사합니다. 아버님, 그런데 이놈 지금도 계속 웁니다. 갓난아이처럼 웁니다. 가능하시면 나와서 이 멋진 놈 한번 안아주시면 고맙겠습니다."

노민이 아버지는 불편한 걸음걸이로 나오셔서 노민이를 꼭 껴안아주셨다. 그리고 자신도 한마디 할 수 있겠냐고 하셔서 마이크를 건네드렸다.

"늘 아들들에게 미안했습니다. 부모가 건강해야 하는 것은 의무인데, 이유야 어찌 되었건 저는 그렇지를 못했습니다. 그렇게 부족한 부모인데도 저는 이 녀석을 다정하게 대하지 않았습니다. 이 녀석이 꼭 지 애비를 닮아서 학교에서 모범생이 아닙니다. 그래서 제가 늘 야단을 치고 어떨 때는 때리기도 참 많이 했습니다. 아들놈이 발표하는 내용을 들으면서 생각해 보니 제가 다리를 다친 이후에 더 심하게 그랬던 것 같습니다. 제가 아들에게 화풀이를 한 것 같습니다.…… 미안하다, 노민아.

아들들과 산에 올라갈 때 저는 눈물이 났습니다. 아들 녀석들의 등이 그렇게 넓고 따뜻할 수가 없었습니다. 부끄럽지만 아들들의 등이 어린 시절 막내로 태어난 저를 자주 업어주시던 제 아버지 등 같은 느낌이 들었습니다. 아들들의 땀냄새도, 거친 숨소리도 모두 좋았습니다. 제가 떼를 써서 산중턱에서 다시 내려왔지만 저는 그날 정상에 올라간 것보다 더 기뻤습니다. 그래서 그날은 아들들에게 함부로 대했던 자신이 참 미웠고, 애비로서 도리를 다하지 못해서 정말 미안했습니다.

저는 제 아들들이, 그리고 여기에 앉아 있는 노민이의 친구들이 모두 앞으로 더 건강하고 물질적으로도 여유 있게 살았으면 좋겠습니다. 그러나 그것이 오로지 부모님 때문이 아니었으면 좋겠어요. 제가 아들들의 등에서 히말라야 산을 오른 것보다 더 큰 기쁨을 누린 것처럼, 여러분 자체로 우리 부모들은 이미 충분히 부자가 되어 있으니까요. 여러분은 우리 부모들에겐 최고의 보석이니까요. 그러니까 여러분의 행복을 위해서 건강한 부자들이 되기 바랍니다.

아! 그리고 선생님, 정말 정말 감사합니다. 우리 아들이 선생님 같은 분의 제자란 것이 정말 영광입니다. 늘 그동안 학교에서 야단만 맞고 다니던 제 아들을 이렇게까지 칭찬해 주셔서 감사합니다. 흠이 많은 제 아들에게서 좋은 점을 발견하고 여러 사람 앞에서 그렇게 말씀해 주셔서 정말 감사합니다."

그날 상담사는 노민이 아버지셨다. 노민이 아버지는 노민이가 굳이 애써서 해결사의 역할을 하지 않아도 된다고 말씀하셨다. 그것은 노민이 아버지 마음이 건강하기에 가능한 일이었고, 동시에 그것은 자식에 대한 사랑이 있기에 고백할 수 있는 일이었다. 아들을 함부로 대했던 것에 사과하고, 그것이 아들 잘못이 아니라 자신 때문이었노라고 고백할 수 있었던 것은 아버지의 마음속에 그만큼 강한 힘이 있기 때문이었다. 그리고 그것은 어쩌면 노민이 아버지의 육체가 약해진 덕분에 얻은 선물일지도 모른다.

자녀들은 부모가 아프지 않기를 원한다. 아픈 부모가 회복되기를 원하는 마음은 훨씬 더 간절하다. 그러므로 건강을 잃었다가 회복되는 모습, 또는 경제적으로 어려운 상황에 처했다가 그것을 극복하는 모습은 부모 자신을 위해서도 필요한 일이지만 자식들의 앞날을 생각할 때도 필요하다. 실패를 이겨내는 부모의 모습을 보고 자식들도 세상을 살아가면서 실패를 두려워하지 않는 건강한 사람이 될 수 있기 때문이다.

그러나 잃은 것을 그대로 다시 얻으려는 것보다 잃은 것을 통해서 새로운 것을 발견하고 그것을 잘 활용하는 것이 더 중요하다. 그래서 어떤 사람들은 '실패'나 '불행'을 '기적의 시작'이라고 말할 것이다.

함께 울어 행복한 시간

네가 만약 괴로울 때면 내가 위로해 줄게.
네가 만약 서러울 때면 내가 눈물이 되리.
어두운 밤 험한 길 걸을 때, 내가 내가 내가 너의
등불이 되리. 허전하고 쓸쓸할 때 내가 너의 벗 되리라.
— 윤항기 작사작곡, 윤복희 노래 〈여러분〉중에서

기령이가 친구들 앞에서 자신이 쓴 글을 읽으려고 서 있을 때 나는 나도 모르게 긴장했다. 기령이는 지금 한 달째 나랑 상담을 하고 있는 중인데, 폭력적인 말과 행동을 거침없이 하는 친구였기 때문이다. 친구들한테는 물론이고 선생님들께도 거칠게 대들어 다른 친구들을 당황하게 만들곤 했다.

기령이를 지도하다 한계를 느끼고, 이렇게 가다간 기령이가 생활지도부에서 지도를 받거나 학교를 그만둘 상황이 생기지나 않을까 염려한 담임선생님께서 기령이를 상담해 달라고 나에게 보냈다. 기령이와 상담을 하면서 나는 기령이가 그렇게 폭력적으로 변하게 된 이유를 알게 되었다.

기령이 어머니는 작년에, 그러니까 기령이가 중학교 3학년 가을에 교통사고로 돌아가셨다. 그런데 참 운이 없게도 돌아가시기 하루 전까지도 사춘기의 열병을 앓고 있던 기령이와 어머니는 집안에서 계속 전투를 벌이고 있었다. 그리고 겨우 어머니와 화해하고 조금 평온을 되찾았다고 생각한 그날, 어머니가 돌아가신 것이다. 어머니의 죽음이 자신 때문이라고 생각하고 죄책감을 갖게 되었고, 그 죄책감을 혼자 감당하기 어려웠던 기령이는 세상을 향해 원망을 퍼부으며 모든 것에 부정적으로 반응하는 학생으로 변한 것이다. 그러니까 기령이가 세상을 향해 분노를 내뿜는 것은 '못된' 자신을 향한 공격이기도 했다. 그러다 보니 분노는 점점 더 커지고, 그에 비례

해 외로움과 공포감도 함께 커지고 있었다.

　어머니가 없는 세상에서 기령이가 느끼는 상실감은 무척이나 컸다. 그런 기령이가 상담이 아직 끝나지 않은 상황에서 부모님께 보내는 글을 읽기 위해 친구들과 부모님들 앞에 서 있는 것이다. 과연 기령이에게 부모님에 대한 마음을 온전히 표현할 여유가 있을지 나는 염려가 되었다. 다른 친구들이 기령이의 글을 편안하게 들을 수 있을지도 의문이었다. 그러나 나는 기령이에게 부모님에 대한 글을 쓰고 읽을 수 있겠느냐고 묻지 않았다. 물론 "네가 선택해서 편안하게 하라"는 식의 따스한 말도 건네지 않았다. 그것은 기령이가 결정할 일이었다. 기령이가 건너야 할 강이요 올라야 할 산이었다.

　학교에서 상담을 할 때 교사들은 학생보다 앞질러 학생의 문제를 해결해 주려고 덤비는 경우가 많다. 도움을 조금이라도 빨리 주고 싶은 고운 마음 때문일 수도 있고, 해결 중심의 학교 현장에서 자신도 모르게 익힌 습관 때문일 수도 있다. 그러나 이는 좋은 상담 방법이 아니다. 설령 같은 결과가 나온다 하더라도 학생 스스로가 자기 문제를 해결할 때까지 기다리면서 옆에 있어주는 것이 더 좋은 상담이라는 걸 나는 경험을 통해 알고 있었다.

　'효도의 길' 프로그램을 시작할 때 나는 기령이가 먼저 나에게 와서 발표할 것인지 말 것인지를 이야기해 주기를 기대했다. 그리고 기령이의 선택을 존중해서 기령이의 순서를 진행하려고 했다. 하지만 기령이는 나에게 다가오기보다는 다른 친구들이 부모님과 얽힌 이야기를 풀어내는 것을 가만히 듣기만 했다. 그런데 나에게는 그 '가만히 듣고 있음'이 자신도 어머니에 관한 이야기를 언젠가는 다른 친구들 앞에서 풀어내겠다는 뜻으로 해석이 되었다. 그러면서도 정작 기령이가 앞에 나와서 발표를 하려는 순간 어떤 말을 할지 알 수 없어서 나는 긴장을 했다.

 기령이는 처음에는 차분하게 말을 시작했다. 어머니가 돌아가신 상황에 대해 나에게 상담실에서 이야기할 때보다 훨씬 조리 있게 이야기했다. 그러나 어느 정도 글을 읽어 내려가다가 갑자기 아무런 말도 하지 못하고 얼음처럼 굳어졌다. 그리고 자기 가슴을 치기 시작했다. 나는 기령이의 등을 쓸어내려 주면서 기령이가 손에 쥐고 있는 종이를 내려다보았다. 거기에는 "엄마 보고 싶어요. 엄마 죄송해요"라는 말만 하나 가득 씌어 있었다.

 나는 마이크를 잡고 그 말을 반복해서 읽었다. "엄마 보고 싶어요. 엄마 죄송해요." 내가 계속해서 읽자 기령이가 괴성을 지르더니 울음을 토해내기 시작했다. 그러더니 자리에 털썩 주저앉아 "엄마 보고 싶어"라는 말을 외치면서 더 크게 울었다. 생활관은 눈물바다가 되었다.

 나는 이를 악물고 눈물을 참으며 같은 반 친구들에게 말했다. 회장과 부회장, 그리고 기령이와 친한 친구들이 있으면 앞으로 나오라고 했다. 네 명의 친구가 나왔다. 그 친구들의 눈에도 눈물이 흐르고 있었다. 나는 그 친구들에게 기령이의 팔을 잡아주고 등에 손을 대주라고 했다. 외로움에 떨고 있는 기령이가 누군가 옆에 있다는 든든함을 느꼈으면 하는 마음에서였다. 친구들의 따스한 손길 속에서 기령이는 한참을 울었다. 그리고 자리에서 일어났다.

나는 기령이 아버지를 불러 기령이를 좀 안아달라고 부탁을 드렸다. 아버지는 눈물을 닦으며 앞으로 나오더니 기령이를 꼭 안아주셨다. 기령이도 아버지를 꽉 안았다. 기령이 아버지가 들어가고 난 뒤에 나는 기령이에게 "학교에도 엄마가 계신 거 알지?" 하고 묻고는, 학교에서 엄마 역할을 하는 담임선생님을 향해 "나와서 이 아드님 좀 안아주시죠"라고 부탁을 드렸다. 담임선생님은 조금 부끄러워하는 기령이를 꼭 안아주었다.

나는 기령이에게 "네가 아는 것처럼 나는 너의 학교 선생님이기도 하지만 고등학교 선배이기도 하다. 너에게는 큰형이다. 이 큰형이 언제나 너와 함께 있을 거라는 약속의 표시로 널 안아주고 싶다. 괜찮겠니?"라고 물으며 두 팔을 벌렸다. 기령이는 나에게 포옥 안겨왔다. 몸집이 유난히 작은 기령이가 더 작게 느껴져서 가슴이 쓰렸다. 포옹을 풀고 난 뒤 나는 기령이의 반 친구들에게 말했다.

"너희는 기령이 친구들이다. 그리고 어쩌면 지금 이 순간 기령이가 진짜로 포옹해야 하는 친구들은 너희일 것 같다. 평생 함께 갈 친구들이니까. 자, 그럼 모두 한꺼번에 나와서 우리 친구 기령이를 안아주자. 친구들이 옆에 있는데 혼자 힘들어하는 바보 같은 친구 기령이 똥침도 한 방 놔주고 말이야."

친구들이 우르르 나와서 기령이를 안아주고, 얼굴을 만져주고, 하이파이브를 치고, 똥침도 놓아줬다. 생활관 바닥에서 그렇게 서른다섯 명 남학생들이 뒹굴었다.

상황이 정리된 후 내가 말했다.

"저는 지금 기령이 어머니께서 하늘나라에서 얼마나 기뻐하실까 생각합니다. 부모가 세상을 떠날 때 가장 염려스러운 것이 자식의 행복이겠죠. 아시다시피 행복은 우리가 살아가면서 다른 사람들과 관계를 얼마나 잘 맺는가에 따라 결정됩니다. 지금 기령이는 우리를 가족으로 생각하고 자신의 아픔을 이야기했습니다. 그리고 우리는 모두 함께 울었고, 기령이를 안아주었습니다.

기령이의 슬픔을 함께 나누는 사람들이 이렇게 많은 것을 보고 기령이 어머니는 얼마나 좋아하고 얼마나 고마워하실까요? 무엇보다도 오래 함께할 수 있는 친구들이 이렇게 넘쳐나는 것을 보고 얼마나 마음이 편안해지셨을까요? 그리고 여기 계신 기령이 아버님도 지금 마음이 많이 든든해지셨을 것이라 생각합니다. 기령이가 오늘 이 일로 인해 더 이상 자신이 외롭지 않고 세상이 차갑기만 한 곳이 아니라는 생각의 씨앗을 가슴에 뿌리게 되었으면 좋겠습니다.

저는 또 한 가지 생각을 해봅니다. 이렇게 우리가 '함께 울어 행복한 시간'을 선물해 준 건 누구일까요? 서로가 서로에게 사랑을 베풀 수 있게 만들어준, 그래서 우리가 서로에게 보물임을 알게 해준 분은 누구일까요? 저는 바로 기령이 어머니라고 생각합니다. 그래서 기령이 어머니에게 감사를 드립니다. 그리고 여러분께 제안을 합니다. 저기 위에서 웃고 계실 기령이 어머니에게 큰 박수를 보냈으면 좋겠습니다."

생활관 안에 있는 모든 사람들이 하늘을 향해 큰 박수를 보냈다. 이제 엄마를 품으면서도 엄마와 헤어지는 첫걸음을 시작한 기령이의 눈에서 다시 눈물이 흘렀다.

생활관 교육이 끝난 다음 주 월요일에 기령이가 나를 찾아와 인사를 했다. 그러곤 이젠 상담을 그만해도 될 것 같다고 했다. 원래 예정대로라면 그 시간이 상담을 해야 하는 시간이었다. 나는 아무런 대답도 하지 않고 빙긋이 웃으며 기령이를 바라봤다. 잠시 망설이던 기령이가 입을 열었다.

"선생님 저 사실 오늘 우리 반 아이들하고 축구하기로 했어요. 그래서……"

창밖을 보니 기령이와 같은 반 아이들이 축구공을 들고 나를 향해 싱긋 웃음을 보내며 손짓을 했다. 기령이가 그동안 반 아이들하고 잘 어울리지도 못하고, 축구나 농구도 해본 적이 없다고 말했던 기억이 떠올랐다. 나는 웃음을 머금고 기령이에게 "그래, 선생님이랑 상담은 그만하자. 이젠 축구가 네 상담이 될 것 같구나"라고 말하고는 어서 운동장으로 가라고 손짓을 했다.

기령이는 웃으면서 친구 상담사들이 모여 있는 운동장으로 달려나갔다. 나는 상담 일지에 '상담 종결'이라고 적고 유쾌하게 웃었다. 하늘에서 기령이 엄마의 웃음소리가 들려오는 것 같았다.

3.

가슴에 귀를 기울여봐.
하고 싶은 그 일이
칭찬받고 싶어선지,
네가 정말 좋아선지,
느껴봐

소릿길을
닦는
사람

북은 장단을 정확하게 짚어서 시끄럽지 않고
조용하게 소리를 받쳐주어야 하는 법이여.
차가 잘 다닐 수 있도록 길을 잘 닦아야 하는 것처럼
북이 장단과 추임새로 소릿길을 닦아주어야 혀.
소리가 나가다가 구렁에 빠질라고 허면 얼씨구 하고
추어주어서 빨리 지나가게 허고, 슬플 때는 북가락도 줄이고
추임새로 슬프게 분위기를 맞춰서 넣어주고,
소리가 웅장할 때에는 북소리도 크고 추임새도 크게 하고,
바쁘게 주워섬길 때는 또 그런 분위기를 내주어야지.
— 고수鼓手 김득수 선생

뒤늦게 교육대학원에 입학한 내가 '진로 상담' 과목 시험을 치르고 돌아오던 날 밤이었다. 내 가슴은 짜증으로 가득 차고 머리는 혼란스러웠다. 너무나 바쁜 학교 업무 때문에 대학원 공부를 제대로 할 수 없었다. 그래서 준비도 제대로 못하고 시험을 보게 되었고, 그리 어렵지 않은 문제였음에도 낙제에 가까운 점수를 받았다.

시험 점수보다 시험 공부를 할 수 없는 여러 가지 상황이 나를 더 화나게 만들었고, 이렇게 대학원 공부를 해서 무엇을 얻으려고 하는가 하는 회의까지 들었다. 그런 생각들이 머릿속에서 계속 맴돌다 보니 머리가 지끈지끈 쑤셔오기 시작했다. 그래서 나는 생각을 내려놓고 마음을 정리하기 위해 조금 먼 길이지만 집까지 걸어가기로 했다.

그 길에서 우리 학교 학생 한 명을 만났다. 교복을 입고 나에게 인사하는 그 친구는 나와는 별다른 인연이 없었던 고3 학생이었다. 나도 형식적으로 인사를 받았다. 그런데 이 친구가 성큼 다가오더니 다시 한 번 인사를 하는 것이었다. 술냄새까지 풍기면서. 나는 녀석에게 야단을 쳐주고 싶었으나 내 마음이 그리 편한 상태가 아니라 과잉 반응할 것 같아, 어깨를 토닥이며 밤이 늦었으니 어서 집에 가라고 달랬다. 그리고 내 길을 가려는데, 그 친구가 다시 내 앞길을 가로막고 인사를 했다. 나는 역정이 나서 그 친구를 노려보았다. 그런데 그제야 그 친구의 얼굴을 잘 볼 수 있었다. 눈은 벌겋게 충혈되어 있고, 얼굴은 눈물자국으로 범벅이 되어 있었다.

의아한 표정으로 바라보는 나에게 그 친구는 자신의 휴대폰에 찍혀 있는 문자를 보여줬다.

"넌 참 좋겠다."

나는 그 친구와 함께 셔터가 내려진 가게 앞에 앉았다. 사연은 이랬다. 내 옆에 앉아 있는 이 친구는 성적이 4년제 대학을 지원하기 어려울 정도로 하위권에 속하는 친구였다. 그래도 정말 운이 좋게 지방에 있는 4년제 대학에 수시 전형으로 합격이 되었다. 기분이 좋아서 가장 친한 친구에게 본능적으로 문자를 보냈다.

하지만 문자를 보낸 순간 곧 후회를 했다고 했다. 그 친구가 우울증을 앓고 있는데다 그 친구도 성적이 별로 좋지 않아 대학 가기 힘든 상황이라는 생각이 들었기 때문이었다. 그 친구는 평소에 학교를 졸업해도 대학 입학은 물론 다른 어떤 일도 할 수 없다고, 그래서 졸업이 무섭다고 말한 적이 있다고 했다. 그러나 이미 날아간 문자를 되불러올 수는 없었다. 그리고 잠시 후 그 친구가 답문으로 보내왔다. 문자의 내용이 바로 "넌 참 좋겠다"였다. 그리고 그 친구는 문자를 보낸 그날 오후, 달려오는 차를 향해 뛰어들었다고 했다. 지금 이 친구가 울며 서성이는 거리가 바로 그 사건이 일어난 곳이고, 내일은 그 친구를 화장하는 날이라고 했다.

"선생님, 저 때문에 친구가 죽었어요. 전 정말 마음 아프게 하려고 문자 보낸 거 아니거든요. 제일 친한 친구라서 부모님보다 먼저 그 친구에게 문자 보냈거든요. 부모님은 분명 제가 그 대학 간다고 해도 좋아하지 않을 게 뻔해요. 그래도 제 주변에서 유일하게 제가 합격한 대학의 이름과 상관없이 기뻐해 줄 사람이 그 친구라고 생각했거든요. 그래서 그렇게 문자를 보냈는데…… 그렇게 될 줄은 몰랐어요. 선생님……"

나는 그 자리에서 두 시간이 넘도록 "그것은 너의 잘못이 아니야"라며 수없이 위로했으나 그 친구는 그 말을 받아들이지 못했다. 술을 너무 과하게 마신 탓도 있었다. 열두시가 넘어가자 나는 그 친구를 억지로 일으켜 집까지 데려갔다. 놀란 눈으로 나를 바라보는 어머님께 내 신분과 상황을 설명해 드리고, 저세상으로 간 친구 때문에 아드님이 행여라도 여러 가지 행동을 할 수 있으니 잘 돌봐주시라는 당부의 말씀을 드렸다.

참 어이가 없었다. 난 교사의 길을 걷고 있는 사람이다. 그리고 그 길을 더 잘 걸어보겠다고 대학원 공부까지 하고 있는 사람이다. 그러니까 난 제자들의 꿈과 인생의 방향에 대해 이야기를 하고 싶어 하는 사람이다. 그런데 내 주변에 있던 한 영혼이 땅에서 길을 잃고 하늘나라로 가버렸다. 졸업을 하여 교문을 나선 후의 세상이 두려워 하늘나라로 떠나가 버렸다.…… 그 죽음에는 내 책임도 있었다. 물론 나는 핑계를 댈 수도 있다. 그건 나 개인이 해결할 수 없는 입시 제도 때문이라고. 그렇게 합리화할 수도 있다. 그건 우울증을 앓

앓던 개인의 병리학적 문제이므로 교사의 책임이 아니라고……

그러나, 그러나 나는 그런 핑계를 대고 합리화하며 회피하기가 싫었다. 왜냐하면 난 교사이기 때문이었다. 그렇게 생각하고 살아가선 안 되는, 스승의 길을 걷는 사람이기 때문이었다. 그렇기에 제자들은 학교 안에서든 밖에서든 나를 만나면 고개를 숙여 인사를 하는 것이 아닌가?

그날 밤을 꼬박 새웠다. 새벽 햇살이 창틈으로 스며 들어올 즈음 나는 내가 왜 그날 '진로 상담' 과목 시험을 잘 보지 못했는지, 왜 그 어두운 밤길을 걸었고, 제자를 만났고, 제자와 어둠 속에서 오랜 시간 이야기를 나누었으며, 제자의 집에서 우리 집까지 참으로 무거운 발걸음을 옮기며 걸어야 했는지 이유를 깨닫게 되었다. 모든 상황은 내가 걸어가야 할 길이 '진로 상담'의 길임을 암시하는 신호였다는 걸 알게 되었다.

내 제자들이 마음껏 소리 지르고 한 세상 즐겁게 놀며 살아갈 수 있도록 북 두드려주고 소릿길 닦아주는 고수鼓手의 길을 걸어가기로 나는 그 새벽에 결심했다. 물론 안다. 나는 많이 부족하다. 그러나 부족하니까 나는 '사람'이다. 나는 학생들과 '사람'으로 만나고 '사람'에 대해 이야기하고, '사람'의 노래를 부르면서 '사람'을 느끼며 살아갈 수 있도록 길을 닦아나가고 싶다고 신에게 고백했다.

연주를 하면 눈물이 나는 이유

뭐해? 추워. 어서 들어와.
- 영화 〈가족〉에서 아버지 '주석'의 대사

장면 하나

　상담실로 들어선 도연이의 표정은 무척 어두웠다. 고민을 이야기해 보라고 했더니 실용 음악을 전공하는 대학에 진학하는 문제로 상담을 하고 싶다고 했다. 도연이는 중학교 3학년 겨울방학 때 연습실을 갖고 있는 교회 형을 따라갔다가 전자피아노에 푹 빠지게 되었다고 했다. 고등학교 1학년 때 1년 동안 그 형에게 피아노를 배웠고, 지난 겨울에는 비록 작은 규모이지만 자선 공연도 함께 했다고 했다. 그리고 고등학교 2학년이 된 지금은 전공을 실용 음악 쪽으로 정하고 싶다고 했다.
　그런데 무엇이 문제냐고 내가 물었다. 도연이는 부모님께 말씀드리기가 겁난다고 했다. 왜 겁이 나느냐고 물었다. 부모님께서는 자신이 실용 음악을 한다면 분명 반대를 할 것이고, 그 이유는 아직도 자신이 공부를 잘하는 것으로 알고 계셔서 경영학과나 법학과를 선택하기를 원할 것이라고 했다. 나는 다시 '아직도'란 말의 의미를 구체적으로 말해줄 수 있겠느냐고 물었다. 도연이가 부끄러운 듯이 사실은 중학교 2학년 때까지는 최상위권에 드는 성적이었는데, 지금은 반에서도 하위권에 있다고 했다. 성적이 떨어진 것은 피아노를 배우기 이전부터이므로 피아노와 직접적인 관련은 없다고 했다. 성적이 그렇게 떨어진 것을 알면서도 부모님이 아무런 말씀도 하지 않더냐는 물음에

도연이는 한동안 침묵하다가 작은 소리로 떨듯이 말했다.

"저의 부모님은 두 분 다 글을 못 읽으세요. 그래서 성적표를 갖다드려도 잘 이해하지 못하세요."

눈물을 뚝뚝 흘리면서 도연이는 계속 말을 이어나갔다.

"그리고 부모님은 노점에서 일을 하면서 생활비를 버세요. 그런데 제 학원비로 나가는 돈이 한 달에 50만 원이에요. 그런 부모님께 제가 성적으로 대학을 갈 수 없다고 말씀드리기가 너무 힘들어요. 또 부모님은 늘 안정된 직장을 가져야 한다고 저에게 말씀하시거든요. 부모님처럼 살아서는 안 된다고요. 저를 위해 고생하시는 부모님의 말씀을 어기기가 쉽지 않아요. 그런데요, 저는 전자피아노가 너무 좋아요. 연주하는 게 무지하게 좋아요. 너무 좋아서 눈물을 흘린 적도 많아요."

"그래, 도연이처럼 고운 마음을 갖고 있는 친구가 부모님의 기대를 저버리고 말씀을 따르지 않기란 정말 힘들지. 그래, 참 힘들겠다. 선생님도 네가 힘들어하는 게 느껴지는구나. 그런데 눈물이 날 정도로 전자피아노가 좋다는 그 이야기를 조금만 더 구체적으로 해줄 수 있겠니?"

"처음에는 피아노 소리가 그냥 좋았어요. 기분이 좋아지더라구요. 그리고 지난번 공연 때는 사람들이 박수를 보내줘서 더 좋았구요. 형이 '피아노, 성도연!' 할 때는 온몸에 소름이 쫙 돋고, 제 생각을 떠나서 손이 혼자서 연주를 하더라구요. 또 공연 후에 남은 수익금을 고아원에 갖다줄 수 있는 것도 좋았어요. 공연이 끝난 날 기분이 좋아서 잠을 못 자고 뒤척이다가 문득 눈물이 났어요. 그리고 피아노를 치면서 눈물이 나는 이유를 그때 알았어요. 우리 아버지께서는 한쪽 팔을 쓰지 못하세요. 아버지가 두 팔이 다 있다면 저처럼 피아노를 치면서 행복해하실 수도 있을 텐데…… 하는 생각이 제 마음속에 있다는 걸 그때 알았어요. 아버지는 다른 사람 도와주는 거 진짜 좋아하시거든요. 그런 아버지를 대신해서 내가 건강한 두 팔로 피아노를 연주하고 그것으로 다른 사람을 도와줬다고 생각하니 더 눈물이 났어요."

"그랬구나. 도연이가 아버지를 얼마나 사랑하는지 알겠다. 그래서 도연이가 피아노를 연주하면 눈물이 났구나. 그렇게 사랑하는 아버지가 힘들어할까봐 실용음악과에 진학하고 싶다고 말씀드리기 어려워하는 네 마음도 충분히 이해가 간다. 지금 우리 도연이에게 필요한 것은 부모님과 대화하는 거라는 생각이 드는구나. 자, 그럼 우리 순서대로 문제를 풀어보도록 하자. 가장 처음 도연이가 부모님께 어떤 말씀을 드려야 할까?"

청소년들과 상담을 할 때 자칫 상담사는 문제 해결의 우선순위를 놓칠 수가 있다. 최종 결과를 바로 내리려고 하거나 편하게 결정할 수 있는 문제부터 해결하고 싶은 욕망이 앞서기 때문이다. 그러나 상담

사는 가장 기본적인 문제, 또 내담자가 실행에 옮기기 힘들어하는 문제부터 도움을 주어야 한다.

도연이는 잠시 생각에 잠기더니 이내 고개를 흔들었다.

"저도 그걸 알고 싶어요."

"선생님 생각에는 말이야, 우선 성적이 떨어졌다는 말씀을 드려야 할 것 같은데, 그렇지 않니? 대학 진학에 관한 이야기는 잠시 접어두고 말이야."

한참 생각하던 도연이는 아주 천천히 고개를 끄덕였다. 그러나 얼굴에는 근심이 가득했다.

"그래, 선생님과 같은 생각을 해줘서 고맙구나. 그런데 네 얼굴을 보니까 걱정스럽고 자신이 없는 것 같다. 그래서 선생님이 도연이가 부모님과 편안하게 이야기할 수 있도록 도와주고 싶은데 괜찮겠니?"

나는 도연이가 부모님과 편안하게 대화할 수 있도록 돕기 위해서 '빈 의자 기법'과 '역할 놀이'를 써보기로 했다. 나는 도연이의 동의를 얻은 뒤 도연이 앞에 빈 의자 두 개를 놓고 말했다.

"저 의자에 도연이 부모님이 앉아 계신다고 생각하고 말을 해봐."

도연이는 고개를 숙인 채 계속 깊은 한숨만 내쉬었다. "힘들면 하지 말까?"라는 나의 말에 도연이는 고개를 흔들면서 해보겠다고 했다.

"엄마, 아버지 죄송해요. 사실 제가 그동안 성적이 좋지 않았어요. 그런데도 그냥 잘하고 있다고만 했어요. 엄마 아버지가 성적표를 봐도 모를 거라고 생각하면서 늘 숨겼어요. 죄송해요. 정말 미안해요."

도연이는 한참을 흐느꼈다. 나는 도연이의 등을 쓰다듬어주고 또 쓰다듬어줬다. 그리고 도연이에게 엄마 아버지가 뭐라고 말씀하시는 것처럼 느껴지는지 물어보았다.

"저에게 오히려 미안하다고 말씀하시는 것 같아요. 제가 다 알아서 한다고 믿고 계시다고 말씀하고 계세요. 제대로 보살펴주지 못해서 미안하다고 말씀하세요. 그런 것 아닌데……"

다시 왈칵 울음을 쏟던 도연이가 의자를 바라보며 말을 이었다.

"그러지 마세요. 아버지, 저 힘 안 들어요. 새벽에 나가는 아버지가 힘드시죠. 제가 왜 힘들어요? 엄마, 고맙긴 뭐가 고마워요? 지금도 말해줘서 고맙다고 말하지 마세요. 엄마가 외할아버지 때문에 더 힘든 거 다 아는데, 하나밖에 없는 아들이 엄마 글씨 못 읽는다고 거짓말을 해서 미안해요. 정말 죄송해요."

나는 슬쩍 도연이 아버지 의자에 앉아서 말을 했다.

"도연아! 이놈아, 네가 미안하다고 말하지 않아도 아빠는 네 맘 다 안다. 그러니까 울음 그쳐! 당당해라! 아버지는 이 한 팔 갖고도 네 놈 키웠다. 그리고 잘 자라주는 네가 늘 자랑스러웠다. 너는 아버지에게 가장 소중한 아들이야! 알아? 죄인처럼 그러고 있는 것 보기 싫다!"

도연이는 가만히 나를 바라보았다. 나는 옆에 있는 어머니 의자에 옮겨 앉아서 말했다.

"도연아, 얼마나 힘들면 네가 거짓말을 했겠니? 괜찮아. 다 이해해. 그리고 외할아버지 때문에 엄마가 힘들어한다고 우리 도연이가 엄마에게 하고 싶은 말 못하는 거 엄마는 싫어. 그럼 엄마가 너에게 미안하고 서운해지잖아. 나는 엄마에게 이런저런 이야기 다 의논하는 도연이가 좋아."

도연이가 나를 바라보았다. 그리고 나에게 물어보았다.

"선생님, 정말 우리 부모님께서 그렇게 말씀하실까요?"

"음…… 글쎄 그건 나도 잘 모르겠다. 그런데 말야, 이건 분명해. 네가 생각하는 것과는 다른 말씀을 하실 가능성이 있다는 거. 그리고 적어도 네가 방금 말한 부모님의 모습이 네가 평소에 느끼는 부모님 모습이라면 분명 너에게 힘이 되는 말씀을 해주실 것 같구나. 자, 우선 오늘은 여기까지 하자. 오늘 집에 가서 성적 이야기를 부모님께 말씀드려 봐. 그 다음 이야기는 나중에 하자."

장면 둘

"선생님, 무슨 마술을 보는 것 같았어요. 성적에 대해 말씀드렸더니 부모님께서는 한참 동안 가만히 계셨어요. 그러고는 저에게 잠시 제 방으로 가 있으라고 하고는 부모님께서 이야기를 나누시더라구요. 그리고 저를 데리고 나가서 돼지갈비를 사주셨어요. 오랜

만에 세 식구가 외식을 했어요. 아버지께서는 술을 드셨어요. 어머니가 아버지께 술을 따라드렸고, 저도 한 잔 따라드렸어요. 아버지는 어머니에게 한 잔 따라주셨어요. 술을 못 드시는 줄 알았는데 어머니도 잘 드시더라구요. 그리고 아버지는 저에게 술잔을 주시더니 아주 조금 술을 따라주셨어요. 저는 그때 한쪽뿐인 아버지의 팔에서 눈을 뗄 수가 없었어요.

제가 고개를 돌려 술을 마시니까, 아버지가 '술이 쓰지? 세상은 그렇게 쓰다. 그렇게 쓴맛 보다 보면 어른이 되는 거야. 쓴맛이 느껴지는 것은 그만큼 버틸 힘도 생겼다는 거거든. 우리 아들이 이제 어른이 되는 것 같구나. 그래서 아버지는 불안하기는 하지만 기분이 좋다. 솔직하게 얘기해 줘서 참 고맙다' 하고 말씀하셨어요. 어머니는 '네 아버지 매력이 뭔 줄 아니? 솔직한 거야. 오늘 너를 보니까 꼭 네 아버지 같구나. 엄마도 기분이 참 좋다'라고 하셨구요.

가만히 보니까 제 성적이 떨어진 것을 모르지 않았던 것 같아요. 그래도 그냥 절 기다려주신 것 같아요. 선생님 말씀이 맞아요. 부모님과 대화를 나누니까 제가 생각했던 것과 다른 말씀을 듣게 되고 속도 후련했어요."

다른 부모님들에게는 죄송한 말이지만, 솔직히 그 순간 나는 도연이 아버님과 어머님이 내가 알고 있는 학부모 중에서 최고라는 생각이 들었다. 아들을 믿어주고, 마음 아파하는 아들에게 용기를 주고, 지금 힘겨움이 오히려 큰 힘이 될 거라고 말씀해 주시는 그 모습이! 아버지의 장점을 아들에게도 발견해서 기분이 좋다고 솔직하게 표현하는 멋진 어머니! 그것이 도연이의 표정을 밝게 만들었고, 내가 도연이 마음에 있는 아픔에게 직접적으로 손을 쓸 수 있게 해주었다.

도연이에게 힘이 생긴 것을 본 나는 다음 단계로 넘어가기로 했다. 대학 가서 실용 음악을 전공하고 싶다는 도연이의 말이 실은 성적 부진으로 인한 패배감이나 좌절감에서 나온 것은 아닌지 들여다보기로 한 것이다.

"와우! 야! 네 부모님 진짜 멋지다. 부럽다. 이건 진짜 진심이다. 천사다 천사! 자 그럼, 선생님도 슬슬 기분이 좋아지기 시작하는데 말이야, 이젠 선생님이 악역을 담당할 시간이 된 것 같다. 어때, 이제 선생님이 도연이를 괴롭히려고 하는데 우리 착한 도연이가 잘 버텨낼 수 있을까? 해도 될까?"

도연이가 호기심 어린 눈빛으로 나를 바라보며 고개를 끄덕였다. 일주일 전에 내게 왔을 때 나를 똑바로 쳐다보지도 못하던 도연이는 이미 그 자리에 없었다.

"우리 솔직하게 생각해 보자. 너 실용음악과에 가고 싶은 게 피아노 연주하는 게 좋아서인지, 아니면 내신이나 수능 성적을 잘 받을 자신이 없어서 피아노가 네 적성에 맞다고 스스로에게 말하고 있는 건 아닌지 생각해 봤으면 좋겠다."

도연이가 한참을 생각했다. 얼굴이 상기되기 시작했고, 손을 자꾸 비벼대기 시작했다.

"선생님 말을 들으니 기분이 어때?"

"잘못된 일을 하다 들킨 기분이에요. 그런데 조금 불쾌해지기도 해요. 잘못한 일이 없는데 오해받는 것 같아서 억울하기도 하고, 되게 마음이 복잡해요."

"조금만 더 정확하게 말해줄래?"

"공부하기 싫어서 피아노를 선택한 거 아니냐는 선생님 말씀도 솔직히 어느 정도는 맞는 말씀인 것 같아요. 그런데요 선생님, 전 정말 전자피아노 연주하는 게 좋거든요."

"그렇겠지. 피아노와 만난 건 도연이 삶에서 최고의 행운일 수도 있지. 그것으로 아버지에 대한 사랑과 세상 사람들에 대한 사랑을 표현할 수 있고, 사람들에게 인정받는 도연이도 만날 수 있으니까. 도연이가 연주하면서 눈물을 흘릴 수 있다는 것도 행운이지. 그런데 성적 때문에 실용음악과를 선택한 것은 아니냐는 선생님 질문에는 아직 정확한 대답을 하지 않은 것 같은데……"

그러나 도연이는 그렇지 않다는 듯이 그저 세차게 머리를 흔들 뿐이었다.

"그래, 좋아. 오늘은 여기까지 하자. 두 주 후에 모의고사도 있고 하니까 모의고사 결과가 나온 후, 그러니까 한 세 주 정도 지난 뒤에 한 번 더 만나서 이 문제를 다시 이야기해 보자. 괜찮겠니?"

장면 셋

　모의고사 결과가 나온 그날 도연이가 빙그레 웃음을 띠며 상담실로 들어섰다. 그리고 결과가 꽤 잘 나온 모의고사 성적표를 내 앞에 내밀었다.
　"와우! 좋아, 좋아! 역시 우리 성도연이 중학교에서 공부하던 가락이 남아 있네. 죽지 않았어. 음, 좋아, 좋아."
　도연이가 웃음을 베어 물고 말했다.
　"선생님, 저 있잖아요, 선생님이 저번에 저에게 하신 질문이 무슨 뜻인지 알았어요. 노력하면 제가 갈 수 있는 대학이 많이 있다는 희망이 생겼어요. 다른 것을 할 수 없어서 피아노를 선택하는 것이 아니라 다른 과에도 갈 수 있지만 제가 정말 좋아서 실용음악과에 가려고 하는지 물으신 거였죠?"
　"오우! 와아! 우리 성도연이 이제 보니 성 도사라고 불러야겠는데. 그래! 바로 그거였어. 선생님 보기엔 넌 능력과 가능성이 많은 놈이거든. 네 안에 있는 그것들을 스스로 발견하길 바라는 마음으로 그런 질문을 한 거였는데, 그걸 알아차렸구나. 그래, 선생님의 생각을 잘 읽어 줘서 고맙다.

그런데 말이야 도연아, 선생님은 네가 어떤 전공을 선택하든, 어떤 직업을 갖고 살아가든, 전자피아노 연주자가 되는 꿈은 버리지 않았으면 좋겠다. 동호회 활동을 하면서라도 피아노 연주를 계속할 수 있잖아. 그렇게 음악을 즐기면서 살아갔으면 좋겠어. 그래서 지난번 공연처럼 많은 사람들 가슴도 울려주고, 수익금으로 어려운 이들도 도와주면 좋겠다. 네가 연주를 하면서 행복했던 것은 아버지의 불편한 팔 때문이라고 말한 사실을 잊지 않았으면 좋겠다. 아버지의 불편한 팔이 너에게 전자피아노를 사랑하게 만든 힘이 되어줬다는 사실 말이야. 그러니까 네 아버지의 불편함은 부족한 것이 아니라 위대한 것이라는 사실을 잊지 않았으면 좋겠어."

내 말을 듣고 한참 동안 침묵하던 도연이의 눈에 눈물이 맺히기 시작했다. 그리고 떨리는 목소리로 나에게 말했다.

"선생님, 고맙습니다."

난 도연이의 연주를 직접 들어본 일은 없지만, 그날 도연이가 내게 고맙다고 이야기했던 그 소리만큼 무척 아름다울 것이라 지금도 생각한다. 왜냐하면 그 목소리 속에 진심이 담겨 있음을 나는 알기 때문이다.

제자리 찾기

토끼 한 마리가 야자나무 아래서 잠을 자고 있는데
야자열매가 떨어졌다. 얼마나 놀랐는지 천지가 무너지고
지구의 종말이라도 온 줄 안 토끼는 정신없이 뛰었다.
이것을 지켜보던 고양이가 왜 그렇게 뛰어가느냐고 물었다.
토끼는 세상에 종말이 왔다고 대답했다. 고양이가 따라붙었다.
쥐가 또 물었다. 지구의 종말이란다. 쥐도 가세를 했다.
사슴도 여우도 노루도 모든 동물이 떼를 지어 달리기 시작했다.
어디로 가는지도 모르고 왜 가는지도 정확하게 모르면서
마구 뛰었다. 더 이상 달릴 수 없을 때까지 뛰었다.
− 이솝 우화에서

졸업을 앞두고 있는 고3 한상이. 이제 또 다른 빛깔로 다가설 스무 살 세상을 향해 막 발걸음을 옮기려 하는 한상이의 얼굴은, 그리 밝아 보이지 않았다. 나는 식당 안에서 한상이를 한참 바라보았다. 한상이의 옆에는 한상이의 부모님이 함께 앉아 계셨다.

한상이가 고등학교 3학년 진급을 눈앞에 두고 있던 지난 겨울, 입시공화국 대한민국에서 고등학교 2학년 학생들이 보내야 하는 겨울은 더 추웠다. 그런 2월 어느 날, 한상이의 어머니는 몹시 안타까운 표정을 지으면서 내게 급하게 말씀하셨다. 제발 아들이 좋은 대학에 갈 수 있게 해달라고 했다. 지금 성적으로는 간신히 서울 시내 4년제 대학에 갈 정도인 것을 알고 있지만 그보다 더 좋은 대학을 갈 수 있게 해달라고 애절하게 말씀하셨다.

현실 상황과 가능성에 대해 꽤 오랜 시간 말씀드렸지만 포기하지 않고 집요하게 매달리는 어머니 앞에서 나는 한숨을 짓는 것 말고는 아무것도 할 수가 없었다. 결국 나는 마치 화풀이하는 심정으로 한상이에게 도저히 실천할 수 없는 무지막지한 학업 계획서를 짜주었고, 이 계획서대로 하면 한상이가 원하는 대학은 갈 수 없을지 몰라도 실망하지 않는 대학은 갈 수 있을 것이라고 말했다.

그런데 한상이는, 어머니보다 욕심이 많고, 나보다 더 무지막지했다. 그 친구는 내가 작성한 계획서보다 훨씬 더 많은 양의 공부를 해 버렸고, 애초에 어머니가 원하던 점수보다 더 높은 점수를 받았으며,

어머니가 원하던 대학보다 더 상위권의 대학에 '덜컥' 합격을 해버렸다. 나는 기분이 좋은 것도 아니고 나쁜 것도 아닌 참으로 묘한 상태가 되었다.

고등학교 3학년 한 해 내내 나는 한상이에게 별로 해준 것이 없었다. 아니 해줄 수가 없었다. 가끔 한상이에게서 뿜어 나오는 살기殺氣를 보면서 제자가 아니라 괴물이 앉아 있다는 느낌을 받았을 뿐이었다. 한상이의 눈에서 핏줄이 터진 어느 날, 너무 과욕을 부리지 말고 건강에 주의하면서 공부하라고 말한 것이 내가 지도한 전부였다.

하지만 한상이의 어머니는 식사를 하는 내내 웃는 표정으로 나를 마치 하느님 대하듯 하면서, 말끝마다 선생님 덕분이라고 말하기를 그치지 않았다. 한상이는 부끄러움과 불편함이 묘하게 섞인 얼굴로 앉아 있었고, 한상이 아버지는 그저 잔잔한 미소만 짓고 아무 말 없이 앉아 있었다. 어머니는 내가 젓가락이 자주 가는 음식 접시를 내 앞쪽으로 옮겨놓아 주면서 조심스레 말을 꺼냈다.

"선생님, 또 부담을 드려서 죄송한데요, 이번에 한 번만 더 도와줄 수 있으세요? 남은 겨울방학 동안 이 녀석이 무엇을 공부하면 좋을까요? 대학에 입학하기 전에 선수 학점도 딸 수 있는 예비 대학생 강좌도 나가고 있고, 영어랑 컴퓨터 학원도 다니고, 한자 능력 시험도 준비시키고 있고, 테니스도 배우고 헬스클럽도 다니기는 하는데, 아무래도 뭔가 부족해서요. 어학 연수를 보낼 생각도 있는데,

그렇다면 어느 나라가 좋을까요?"

내가 대답할 여유도 주지 않고 한상이 어머니는 계속 질문을 퍼붓다가 한상이 아버지의 눈총을 받고서야 말을 끝냈다.

나는 어머니의 이야기를 들으면서 한상이와 어머니가 서로 떨어져 있는 시간이 절실하게 필요하다는 생각이 들었다.

"어머니, 뭔가 부족한 것이 있는 것 같다고 하셨죠?"

"예."

"아버님께서는 한상이에게 부족한 것이 무엇인지 알고 계신 것 같은데……"

한상이 아버지가 굵은 목소리로 말씀하셨다.

"저놈이 친구가 별로 없습니다. 중학교 때는 친구들과 축구하며 신나게 놀고 그랬는데 말입니다. 저도 저놈하고 산에 함께 가본 기억이 까마득하네요."

나는 빙그레 웃으며 차분하게 말했다.

"아버지께서는 답을 알고 계시네요. 어머니, 한상이를 보름 동안 아르바이트시키세요. 가능하면 머리 쓰는 것 말고 몸으로 하는 일이라면 좋겠네요. 그리고 보름 동안 번 돈, 꼭 그 돈만 갖고 혼자 여행을 다녀오게 하세요. 장소는 어디든 상관없지만 가능하면 멀리 보내세요. 그리고 꼭 보름 동안 여행하라고 하세요. 보름 동안 번 돈으로 보름 동안 버티고 다시 집으로 돌아오라고요."

조금은 화가 난 듯한 표정이 된 어머니, 그리고 멍한 표정이 된 한상이, 또 의미심장하게 미소를 짓는 한상이 아버지를 보면서 나는 말을 이었다.

"어머니, 인디언들은 말을 타고 벌판을 달려가다가 우뚝 서서 뒤를 향해 손짓을 하는 풍습이 있다고 하대요. 몸이 너무 빨리 달려서 마음이 미처 따라오지 못할까봐 마음을 기다리며 어서 오라고 손짓을 하는 거래요. 어머니, 저는 말입니다, 이 친구가 열심히 노력해서 원하는 대학보다 훨씬 좋은 대학에 합격하게 된 것이 무척 기쁩니다.

그렇지만 한상이가 그 대학을 가기 위해 엄청난 속도로 달리는 동안 잃어버린 것도 무척 많았을 거라고 생각해요. 그 생각을 하면 제 마음이 몹시 아픕니다. 저는 한상이가 혼자 여행을 하면서 대학을 가기 위해 엄청난 속도로 달리는 동안 무엇을 잃어버렸는지 한번 생각하는 시간을 가졌으면 좋겠어요. 앞만 보고 정신없이 달려가느라 돌보지 못했던 것들에 대해 생각하는 시간을 가졌으면 좋겠습니다. 그래야 한상이가 앞으로 인생이라는 먼 길을 갈 때 빈털터리가 아니라 넉넉한 노잣돈 갖고 실컷 즐기면서 갈 수 있을 것 같아서요. 외롭지 않을 삶의 여행을 할 수 있을 것 같아서 말입니다."

그날 한상이 아버지는 꽤 많이 취해서 내 얼굴에 뽀뽀까지 했고, 보름 뒤 한상이는 캄보디아를 향해 떠났다. 나는 한상이가 다른 나라를 향해 떠난 것이 아니라 자신의 자리로 돌아오기 위해 발걸음을 옮긴 것이라고 믿었다. 왜냐하면 스승이 제자에게 바라는 가장 큰 소망은 그들이 제자리를 찾는 것이기 때문이다.

발달심리학의 대가 에릭 에릭슨은 '심리적 유예 기간'이라는 이야기를 했다. 즉 청소년기에 자신이 속했던 곳을 떠나서 여러 곳을 다니고 여러 가지 사건을 경험하면서 진정한 자아를 찾는 기간이 필요하다는 것이다. 불행하게도 입시 위주의 교육을 하는 우리나라에서 감수성이 가장 예민한 십대 후반의 청소년들은 심리적 유예 기간을 갖기 어렵다.

그 결과 모두가 원하는 명문 대학에 입학을 한 경우에도 한참 시간이 흐르고 나서야 비로소 자신의 정체성과 진로에 대해 고민하고 방황하는 웃지 못할 일이 벌어지기도 한다. 열심히 하면 원하는 것을 얻을 수 있다고 해서 열심히 달려왔는데 이제 혼자 판단해야 하는 상황에서 정작 자기가 어디로 가야 할지, 자신은 어떤 존재인지 알 수가 없어서 고민에 빠지는 것이다.

그동안은 교육 제도 안에서, 부모의 관심에 자신의 노력을 더해서 다른 이들에게 박수 받는 길만을 걸어왔다. 그러나 정작 사회에 뛰어들어 독립적인 생활을 해야 한다고 생각하는 순간 불안해지기 시작한다. 이것은 마치 노름판에서 마지막 패를 읽을 줄 모르는 사람과 같다. 그동안은 부모가 대신 패를 읽어주었고, 자신은 하라는 대로만 움직이면 되었는데, 성인이 된 이후의 세상에서는 그게 통하지 않는 것이다. 세상은 그리 녹록하지 않고 불안감은 갈수록 커진다.

　사람이란 다른 사람들과의 관계를 통해서 자신의 자리를 찾아가는 법인데, 오늘날 청소년들은 사람은 보지 않고 오로지 목표만 바라보며 달려가도록 교육받아 왔다. 그런 까닭에 그들은 스무 살이 된 이후에도 다른 이들과 더불어 살기보다는 다시 각종 자격증이나 고시 뒤로 숨는다. 그러나 고시에 합격하고 자격증을 취득해도 그들이 만나게 되는 것은 또 '사람들'로 이루어진 세상이다. 그래서 그들은 여전히 어색하고 어려운 상황을 피하기 위해 자신도 모르는 사이에 '사람'을 '사물'로 대하고 사람들과의 관계를 '처리해야 할 한 가지 일'로만 보게 된다.

　이때 문제는 본인도 하나의 사물로 주변 사람들에게 인식되는 참으로 불행한 삶을 살게 된다는 것이다. '사람'과 '사람'의 관계에서 느끼는 그 황홀하고 아름다운 감정들을 겪어보지 못하고 우울함과 건조함 속에서 세상을 살아간다는 것은 얼마나 가여운 일인가! "귀한 자식일수록 여행을 보내라"는 지혜로운 말이 자꾸만 귓전에 맴도는 것은 바로 그 때문일 것이다.

너, 심장이 뛰고 있니?

그 누구도 아닌 자기 걸음을 걸어라.
나는 독특하다는 것을 믿어라.
누구나 몰려가는 줄에 설 필요는 없다. 자신만의 걸음으로
자기 길을 가거라. 바보 같은 사람들이 무어라 비웃든 간에.
- 영화 〈죽은 시인의 사회〉에서

그 친구와 그렇게 깊이 만난 날은 겨울이 깊어질 무렵, 그것도 어느 늦은 오후, 학교 운동장에서였다. 칼바람이 너무 시려서 종종걸음을 하며 퇴근을 하는데 갑자기 축구공이 날아와서 내 머리를 때렸다. 내가 머리를 만지고 있는데 학생 한 명이 헐레벌떡 달려와서 죄송하다고 연신 고개를 숙였다. 그때 나는 눈물로 범벅이 되어 있는 그 친구의 얼굴을 보았다. 한참을 울고 난 후의 모습이었다.

내 머릿속에는 방금 전까지 혼자 벽을 향해 공을 차던 그 친구의 모습이 떠올랐다. 그리고 그 뒤를 이어 일주일쯤 전 상담실에 와서 무엇인가 말할 듯하다가 지금은 시험 문제를 출제해야 하니까 다음 주에 올 수 있겠느냐는 내 말에 조용히 돌아갔던 그 친구의 모습도 떠올랐다. 나는 머리를 만지면서 그 친구에게 아직도 선생님이랑 상담을 할 마음이 있느냐고 물어보았고 그 친구는 고개를 끄덕였다.

우리는 운동장 구석 돌계단에 앉았다.

"선생님, 제가 잘하는 게 있을까요?"

"글쎄, 잘 모르겠다. 난 네 담임도 아니고, 너에게 국어를 가르쳐 본 일도 없고…… 아, 그래 너 유리창 잘 닦더라. 네가 특별 구역 청소할 때 너 2층 교무실 앞 유리창 닦았잖아. 그때 정말 유리창 잘 닦아서, 너 때문에 다른 아이들이 유리창 제대로 못 닦았다고 야단맞고 그랬잖아."

"그러네요. 제가 그래도 잘하는 게 있긴 있네요. 맞아요, 저 유리창은 잘 닦았던 것 같아요. 유리창 닦을 땐 참 행복했어요. 선생님께 칭찬받는 것도, 다른 친구들이 인정해 주는 것도 기분 좋았어요. 하지만 칭찬을 받기 위해서 유리창을 열심히 닦은 것은 아니구요. 유리창을 닦고 있으면 제 마음이 그냥 편안해져서, 그래서 열심히 닦았어요. 그렇지만 선생님, 유리창 잘 닦는다고 대학에 갈 수 있는 건 아니잖아요. 선생님, 저 대학 갈 수 있을까요?"

"대학 진학이라…… 그건 잘 모르겠다. 내가 너에 대해서 아는 게 별로 없어서……"

"그렇죠? 선생님도 잘 모르시겠죠? 저도 잘 모르는데 선생님도 모르시는 게 당연하죠. 선생님 죄송해요, 괜히 쓸데없는 이야기해서. 귀찮게 해드려서 죄송해요."

"이런 얼빠진 친구를 봤나. 죄송하긴 뭐가 죄송해! 지금 네 문제가 심각한데 왜 선생님 감정까지 마음을 쓰고 그래? 선생님은 네가 전혀 귀찮지 않아. 그런 내 마음 알아줬으면 고맙겠다. 음…… 그런데 말이야, 네 이야기를 들어보니까 너는 충분히 좋은 대학을 갈 수 있을 것 같다. 우선 유리창 닦을 때의 너를 생각해 보니까 너는 네가 즐거운 일이라면, 그리고 하고 싶은 일이라면 최선을 다할 줄 아는 친구인 것 같아. 그리고 이렇게 자기 앞날에 대해 치열하게 고민을 하는 모습을 보니까. 음…… 그래 그 정도면 대학생이 될 자격이 충분하다는 생각이 든다."

"……"

"그런데 너 말이야, 지나치게 다른 사람을 생각하며 살고 있는 건 아닌지 모르겠다. 방금 선생님한테 죄송하다고 한 것처럼 말이야."

"……"

"있잖아, 선생님은 무엇보다 네가 자신에게 솔직해졌으면 좋겠다. 그리고 너 자신이 뭘 원하는지 자신에게 귀를 기울여봤으면 좋겠어. 너 자신과 대화를 하다 보면 다른 누군가에게 칭찬받고 싶어서가 아니라 그저 네가 좋아서 유리창을 닦았고, 그래서 행복했고, 또 그래서 많은 사람들에게 즐거움을 주었던 그런 네 자신과 만날 수 있으리라 생각하는데……"

그때까지 가만히 땅만 바라보고 있던 그 친구의 어깨가 조금 펴지는가 싶더니 나를 물끄러미 바라보았다.

"다 알겠는데요, 휠체어를 타면서도 평생 저를 챙겨주신 아버지께 죄송해서요."

"이런! 그건 선생님이 몰랐네. 선생님 생각보다 훨씬 네가 힘든 것 같구나. 그렇게 선생님한테 네 사정과 마음을 이야기해 줘서 고맙다. 네가 아버지를 무척 사랑하는구나. 음…… 아버지께서 너에게 뭘 원하실까, 아버지의 입장에서 생각해 보는 시간도 필요할지 모르겠다. 선생님이 숙제를 하나 내줘도 될까? 편지를 세 통 써보면 어떨까? 하나는 네가 너에게 쓰는 편지, 또 하나는 아버지 입장에서 너에게 쓰는 편지, 그리고 마지막 하나는 아버지와 가장 가까운 사람의 입장에서 너에게 쓰는 편지. 편지를 다 쓰고 나서 혼자 읽으면서 네 자신과 대화를 하는 거야."

나는 자리에서 일어섰다.

"어? 선생님, 왜 벌써 가세요?"

"이젠 네가 네 자신과 데이트를 시작할 시간이 된 것 같아서. 너 자신과 진지하게 대화를 나눠봐. 중매쟁이는 말이야, 적당할 때 빠져나가는 게 예의야. 내가 중간에 너무 시간을 빼앗은 것 같아서 오히려 미안한 걸. 자, 그럼 둘이 잘해봐!"

나는 학생의 어깨를 두드리며 자리에서 일어섰다. 교문을 나서다가 뒤를 돌아보았을 때 그 친구는 여전히 돌계단에 미동도 하지 않고 앉아 있었다.

시간이 흘러 졸업식 날이 되었다. 그 친구는 교무실로 찾아와서 나와 사진을 찍고 싶다고 했다. 한껏 폼을 잡으며 사진을 찍고 나서 그 친구가 차분하게 말했다.

"선생님, 그날 선생님께서 말씀하신 대로 편지를 썼어요. 제가 저에게 쓰고, 어머니 입장이 되어서 저에게 쓰고, 아버지 입장이 되어서 저에게 썼어요. 그랬더니 아버지가 뭘 원하는지 알 것 같았어요. 제가 원하는 것을 하라고 말씀하실 것 같았어요. 그래서 아버지와 말씀을 나눴구요. 아버지는 제가 선택한 것은 믿는다고 말씀하셨어요. 그동안 의논할 줄 모르더니 아버지한테 이런저런 의논을 해줘서 고맙다는 말씀도 하셨어요. 생각해 보니 저는 아버지가 힘드실까봐 제 고민을 한 번도 이야기하지 않았더라구요. 선생님, 고맙습니다. 그래서 저는 자신 있게 무용과를 선택했고, 다행히 합격했어요. 썩 좋은 대학은 아니지만, 그래도 입학 장학금까지 받았어요."

"그래? 축하한다! 어디 가슴 좀 만져보자. 그래그래, 심장이 뛰는구나. 펄펄 뛴다. 축하한다. 정말 축하해. 좋은 대학이란 너를 행복하게 만들어주는 대학이야. 그러니까 넌 적어도 너에게 있어선 대한민국에서 최고로 좋은 대학에 들어간 거지. 그것도 장학생으로. 그리고 인마, 진짜 게임은 지금부터야. 지금부터 스무 살 세상하고 한번 맞짱 제대로 떠봐라. 나는 네가 이기는 쪽에 올인할 게. 내가 판돈 다 잃어도 상관없다. 제자랑 한 판 잘 놀면 그걸로 된 것 아니겠어? 그리고 게임이 끝나도 너는 내 옆에 있을 거잖아! 내가 언제나 응원하면서 네 곁에 있을 것처럼 말이야."

토룡과 성자

올림픽에서 은메달을 딴 선수와
동메달을 딴 선수 중 누가 행복감을 더 느낄까?
짓궂은 심리학자들이 올림픽에서 메달을 딴 선수들을
대상으로 조사한 결과, 동메달을 딴 선수가 은메달을 딴 선수보다
훨씬 더 높은 행복감을 느꼈다고 한다. 왜 그럴까?
어쩌면 그대와 나도 올라온 자리보다 올라가지 못한 자리 때문에
가슴 아파하며 충분히 누릴 것들을 잊고 살고 있지는 않을까?
— 대학원에서 '사회심리학' 수업중 떠오른 생각

1년 내내 수업 시간에 차가운 표정만 짓던 경한이가 내 앞에서 울음을 토했다.
　"선생님, 너무 답답하고 힘들어요. 참을 수가 없어요. 제가 고등학교에 와서 본 첫 시험에서 전교 150등을 했어요. 지금은 전교 20등이에요. 그런데 아무리 노력해도 전교 20등에서 등수가 더 올라가지 않아요. 저도 과외하고 학원 다니고 참고서 많이 사서 공부하면 등수가 올라갈지도 몰라요. 하지만 우리 집은 너무 가난해요. 부모님이 고생하시는 걸 보면 실업계 고등학교를 가지 않은 게 죄송할 때가 많아요. 선생님, 전 개천에서 나온 용이 되어야 하거든요. 전교에서 일등을 하고 출세를 해서 부모님께 웃음을 드려야 돼요. 그런데 그렇게 하지 못하는 제가 너무 미워요."
　나는 경한이가 자신의 속내를 털어놓는 동안 아무 말도 하지 않고 그저 이따금 화장지만 건네주었다. 자존심 강하기로 소문난 경한이가 내게 와서 하소연하는 것을 보니 힘들기는 무척 힘들었던 것 같다. 그리고 경한이가 왜 그렇게 공부에만 집착을 하고 다른 것은 포기하듯이 했는지도 알 수 있었다. 이 친구가 자신이 모든 것을 해결해야 한다는 강박 관념에 시달리고 있고, 주변 사람들이 경한이 어깨 위에 너무나 많은 짐을 지우고 있다는 사실도 알 수 있었다.
　"그래, 그랬구나. 경한이가 무척 힘들었겠다. 그런데 말이야, 선생님은 지금 무척 화가 나고 답답하구나. 경한아, 선생님이 왜 그런지 말을 해도 좋을까?"

경한이가 고개를 끄덕였다.

"고맙다. 우선 너는 개천에서 난 용이 되어야 한다고 했는데 왜 너의 집이 개천이라고 생각하니? 개천은 집에서 버린 물들이 흘러가는 곳인데, 그럼 넌 너의 집이 더러운 물로 가득 찬 곳이라고 생각하는 거야? 가난하지만, 그래서 힘들지만, 그래도 너처럼 부모님 생각하는 아들이 있고, 또 열심히 살아가시는 부모님이 계신 그곳이 더러운 개천이라고? 이해할 수가 없구나.

그리고 용이 되겠다고 했는데, 네가 무슨 자격으로 다른 식구들을 무시하고 있는지 알 수가 없구나. 왜 네가 출세해야 너의 가족이 행복해질 수 있다고 생각해? 가족들은 모두 각자의 몫이 있는 거야. 그게 가족이고 식구야. 어쩌다가 그럴 때가 있긴 하지만 한 사람이 다른 사람 짐 다 지고 가는 건 가족이 아니야. 그리고 또 하나, 전교 일등을 해야 하는 이유가 부모님께 기쁨을 드려야 하기 때문이라고? 그런 억지가 어디 있어! 전교 일등은 네가 웃기 위해서 해야지. 그게 먼저지. 그 성적을 보고 부모님이 기뻐하고 자랑스러워하는 건 그 다음이지.

경한아, 왜 자신을 그렇게 못살게 굴어? 선생님은 그게 진짜 답답하다. 전교 150등에서 20등이 되기까지 네가 얼마나 힘들었는지는 너 자신이 가장 잘 알잖아! 그런 너 자신을 향해 박수를 보내주지는 못하고, 오히려 더 높이 올라가지 못했다고 힘들고 답답하고 참을 수가 없다고 욕을 해? 에라, 이 나쁜 놈아!"

경한이는 멍한 표정이 되어서 나를 쳐다보았다. 나는 냉장고에서 음료수를 꺼내 경한이에게 따라주고 나도 한 잔 마셨다.

"경한아, 선생님이 생각하기에 지금 너에게 필요한 것은 너 자신과 대화를 나누는 일인 것 같다. 그동안 힘들었던 너를 위로하고 난 뒤에 미래에 어떤 직업을 갖고 어떻게 인생을 살아갈까 하고 고민하는 시간이 필요할 것 같아. 그러니까 이번 겨울방학 때는 공부 조금 덜하고, 그 대신 책도 읽고, 영화도 보고, 음악도 듣고, 조용히 묵상도 하고, 또 친구들과 이야기도 나누면서, 너의 앞날에 대해 생각해 보는 시간을 가졌으면 좋겠어. 그리고 앞날에 대한 방향이 어느 정도 정해지면 그것을 위한 공부 계획을 구체적으로 세워봤으면 좋겠다. 성적만 좋은 전교 일등보다 멀리 내다보고 큰 그림을 그리면서 한 걸음씩 옮기는 전교 20등이 훨씬 행복한 인생을 살 수 있다고 나는 생각한다.

그리고 이건 순전히 내 개인적인 생각인데 말이야, 네가 용이 되고 싶다고 했잖아? 그거 별로 재미없지 않을까? 생각해 봐라. 용이 하늘에서 여의주 놓치지 않으려고 얼마나 마음 졸이며 살겠냐? 차라리 용보다 물속에서 그냥 사는 미꾸라지가 훨씬 더 유쾌한 삶을 살 수도 있어. 미꾸라지는 친구가 많잖아. 용처럼 외롭지 않잖아. 함께 얽혀 살아가는 친구들이 많은 게 얼마나 즐거운 일인 줄 알아? 사실 평소 네 표정을 보면 나도 무서워서 말을 걸기가 힘들었거든. 좋은 친구랑 맘껏 웃으며 뒹구는 네 모습을 선생님은 보고 싶구나.

아! 그리고 혹시 지렁이를 '토룡土龍'이라고, 그러니까 '땅에 사는 용'이라고 부르는 거 알고 있어? 지렁이가 흙을 먹고 그 속에 있는 양분을 섭취한 뒤 다시 배설한 흙은 농사에 도움이 된다는 거 너도 알지? 가만히 생각해 봐. 지렁이는 그저 자기 할 일을 하고 있을 뿐인데 사람들은 그 지렁이를 흙 속에서 살아가는 '용'으로 대접하잖아? 나는 네가 진짜 용이 되고 싶으면 토룡이 되었으면 싶다. 자기도 배부르면서 남도 배부르게 해주고, 옆에 있는 이들이 주눅 들지 않으면서도 고마워할 수 있는 토룡이 되었으면 좋겠어. 그런 토룡 같은 사람이야말로 나는 '성자聖者'라고 생각해. 나는 경한이가 외로운 영웅이 되기보다는 즐거운 성자가 되었으면 좋겠는데……"

사흘 후 내가 겨울방학을 이용해 개설한 '길찾기반'(진로 직업 탐색반)에 경한이의 이름이 있는 것을 보았다. 수업과 관계없는 활동을 왜 하느냐고 날카롭게 비판하던 보름 전 경한이의 모습이 겹쳐지면서 나는 빙그레 웃음이 났다.

단 한 사람

99명의 사람이 자신을 좋아해도
단 한 사람이 자신을 미워하면
그 사람 때문에 잠을 못 이루는 것이 사람이다.
99명의 사람이 자신을 미워해도 단 한 사람이 자신을 사랑하면
그 사람을 위해 목숨까지도 바치는 것이 사람, 사람이다.
  - 드라마 〈대왕세종〉에서 세종이 장영실에게
한 대사를 듣다가 떠오른 생각

아주, 아주 쓸쓸함이 깊어지는 가을 오후였다. 상담실에서 혼자 창밖의 교정 풍경을 한참 바라보고 있었다. 뒤에서 헛기침소리가 나서 돌아다보니 고등학교 1학년 극환이가 서 있었다.

극환이는 결석하는 날이 출석하는 날보다 많은 친구였다. 그나마 학교에 온 날은 선생님들께 반항하거나 친구들에게 폭력을 휘둘렀고, 심지어 선배들과도 멱살을 잡고 복도 바닥을 뒹굴기까지 해서 우리 모두를 힘겹게 했다.

그래도 학년 초에 상담실에 와서 자신의 진로와 집안 사정에 대해 나와 깊게 이야기를 나눈 적이 있어서인지, 비록 표정이 우울하기는 했어도, 나에게 인사만은 꼬박꼬박 잘하던 친구였다. 그런 극환이가 결석일수가 너무 많은데다, 학교에서 품어주기 어려운 사건까지 저질러 결국 학교를 떠나게 되었다.

"선생님, 선생님께 마지막 인사를 드리러 왔어요."

나는 물끄러미 극환이를 바라보았다. 극환이는 매서운 눈을 하고 있었지만, 나를 외면한 채 딴 곳을 쳐다보며 말을 했다. 내 얼굴을 똑바로 바라보지 못하는 극환이의 모습에서 나는 극환이가 자신감을 많이 잃었다는 걸 느낄 수 있었다. 게다가 극환이는 주먹을 꼭 쥔 채로 부들부들 떨고 있었다. 그것은 극환이가 겉으로는 몹시 억울해하고 화가 난 듯한 모습이지만 마음 밑바탕은 공포에 사로잡혀 있다는 걸 보여주는 신호였다.

극환이는 학교를 나가면 갈 곳이 없다는, 그래서 외롭다는 말을 그렇게 하고 있었다. 나는 지금 극환이가 나에게 도움을 요청하고 있다는 사실을 알아차렸다.

극환이는 깊게 한숨을 내쉬더니 답답한 듯 가슴을 치면서 말했다.

"선생님, 선생님도 저 같은 놈은 학교를 그만둬야 한다고 생각하시죠?"

나는 극환이의 젖은 눈과 굳게 다문 입을 바라보면서 그래야 할 것 같다고 말했다. 극환이의 말을 통해 나는 극환이가 자신의 문제를 해결해 달라기보다는 위로를 받고 따스하게 안아주기를 바라고 있음을 알았다. 가슴 아픈 것은 극환이가 스스로를 '저 같은 놈'이라고 하면서 비하하고 있다는 사실이었다. 스스로를 학교에 필요 없는 놈이라며 구박하는 그의 모습을 보면서 나는 극환이를 위로하고 동정하고 싶은 마음이 가득해졌다. 그러나 시간이 흐르면 사그라질지도 모를 그런 위로의 말은 건네기 싫었다. 그런 건 극환이에게 결코 도움이 되지 않을 것이었다.

내 대답을 듣자 극환이가 날카로운 음성으로 내뱉듯이 말했다.

"역시 선생님도 제가 학교에 필요 없는 놈이라고 생각하시는군요."

나는 자그마한 소리로 이야기를 시작했다.

"극환아, 너는 네가 스스로를 필요 없는 사람이라고 생각하나 보구나. 난 아닌데…… 극환아, 너 지난 3월부터 9월까지 반년 동안 학교에 적응하느라 무지 노력하고 고생도 많이 했잖아. 인문계 고등학교 오기 싫고 전문계 고등학교 가고 싶었는데, 아버지 무서워서, 아니 혼자 자식 키우느라 고생하는 아버지가 불쌍해서 억지로 우리 학교에 왔잖아. 너 정말 힘들었잖아. 어머니 대신 집안 살림 너 혼자 다하고, 편의점에서 알바하면서 학교에 다녔잖아. 그런데 그렇게 열심히 살아가는 너를 학교에서는 아무도 알아주지 않았잖아. 아니, 알려고도 하지 않았지. 학교 어른들은 네가 답답하고 힘들어서 저지른 그 일들만 바라봤어. 그래도 넌 계속 야단치는 어른들에게 적응하려고 무지무지 노력했잖아.

극환아, 그 정도 노력했으면 된 거 아냐? 이제 그만하자. 너 아픈 것 하나 어루만져주지 못하는 이런 학교 다녀서 뭐하겠어! 고등학교 졸업장? 그거 필요하지. 너 머리 좋으니까 나중에 검정고시 봐! 순전히 졸업장 따기 위해 억지로 학교에 다닐 필요 없잖아!"

조용하게 시작했지만 결국 큰소리로 끝나버린 이 이야기는 사실 첫 상담 때 극환이가 내게 말했던 내용 그대로였다. 나는 그 이야기들을 마치 거울로 비춰주듯 극환이에게 다시 되돌려준 것뿐이었다. 극환이는 나와 첫 상담 이후 상담실에 온 일이 없었다. 그저 복도에서 만나면 내가 극환이의 어깨를 두들겨주거나, 이따금 사탕을 꺼내 건

네주기만 했다. 그러나 극환이를 향한 시선만은 거둘 수 없었다. 교내외에서 사건이 터질 때마다 그 친구 안에서 어떤 마음들이 요동치고 있을지 근심이 되었고, 그때마다 극환이가 유독 수학 점수만은 좋다는 사실과 그런 점이 극환이의 앞날에 어떤 영향을 미칠 수 있을지 애써 연결지어 보곤 했다. 그게 내가 한 전부였다. 그런데 극환이가 마지막 순간에 나를 찾아온 것이다.

내 이야기를 듣던 극환이가 갑자기 털썩 주저앉더니 내 다리를 붙잡고 울기 시작했다. 울음소리가 점점 커지더니 급기야 상담실 바닥을 구르며 울기 시작했다. 나도 울었다. 상담실 바닥에 무릎을 꿇고 앉아 울었다. 학교라는 배움터가 이 여리고 약한 놈에게 실컷 울 자리 하나 만들어주지 못했다고 생각하니 화가 치밀어 울었다. 길을 보여줘야 하는 선생이 길은 고사하고 주저앉을 자리 하나 만들어주지 못했음을 생각하니 너무 미안해서 울었다. 스승과 제자는 그렇게 한참을 울었다.

울음이 잦아들고 팔뚝으로 눈물을 닦아내는 극환이를 깊이 껴안으며 내가 말했다.

"우리 극환이가 학교에서 쫓겨나는 게 무서웠구나. 그래, 이를 악물고 참아내야 할 정도로 학교는 너에게 힘든 곳이었어. 그런데 극환아, 그거 아니? 선생님에게는 학교보다 네가 더 소중하다는 거, 비록 네가 학교를 떠나도 너는 내가 사랑하는 제자라는 거……"

극환이는 결국 학교를 떠났다. 그리고 1년이 흐른 후 대안 학교에 다니기 시작했다는 소식을 전해왔고, 얼마 전 군대에 입대해 포병으로 잘 근무하고 있다며 씩씩한 목소리로 반갑게 전화를 걸어왔다.

인정받고
싶어요

나는 북관北關에 혼자 앓아 누어서/
어느 아츰 의원醫員을 뵈이었다/
의원은 여래如來와 같은 상을 하고 관공關公의 수염을 드리워서/
먼 옛적 어느 나라 신선 같은데/ 새끼손톱을 길게 돋은 손을 내어/
묵묵하니 한참 맥을 집드니/ 문득 물어 고향이 어데냐 한다/
평안도 정주라는 곳이라 한즉/ 그러면 아무개씨 고향이란다/
그러면 아무개씰 아느냐 한즉/ 의원은 빙긋이 웃음을 띠고/
막역지간莫逆之間이라며 수염을 쓴다/
나는 아버지로 섬기는 이라 한즉/ 의원은 또 다시 넌지시 웃고/
말없이 팔을 집어 맥을 보는데/ 손길이 따스하고 부드러워/
고향도 아버지도 아버지의 친구도 다 있었다
- 백석의 시 〈고향〉에서

상담실에 들어온 승렬이의 모습이 묘했다. 단정하게 옷을 입었지만 머리는 한쪽만 길게 길러 눈을 가리고 있었다. 몸매는 아주 날렵하고 세련되게 움직이고 있었지만, 어딘가 자세가 조금 어색하고 과장되어 보였다. 표정은 어두웠다. 동시에 자신의 어두운 표정을 애써 숨기려는 모습도 보였다.

"선생님, 저 모델이 되고 싶은데 될 수 있을까요?"

"모델이 되고 싶다고? 음…… 일단 외모는 먹어주는 외모니까 될 것 같은데 말이야. 음…… 우리나라에서 모델이 되려면 남자는 키가 180센티미터가 넘어야 한다는데 넌 키가 어떻게 되니?"

"175센티미터입니다. 그럼 외국에서는 제 키로 모델을 할 수 있을까요?"

"외국에서? 글쎄 그것까지는 좀 알아봐야겠는데……"

승렬이는 계속 목에 힘을 주면서 말했다.

"그럼 제가 외국 친구들을 통해 좀 알아봐야겠군요."

"어? 너 외국 친구들도 있구나. 야! 이승렬, 너 선생님보다 훨씬 더 국제적으로 노는구나! 그런데 어느 나라 친구냐?"

"제가 고등학교 1학년 때까지 영국에서 공부하다 왔거든요."

"그랬구나. 그런데 왜 네 표정이 갑자기 어두워지냐? 목소리도 점점 기어 들어가고……"

"실은, 실은……"

승렬이의 눈에 눈물이 조금씩 맺히기 시작하더니 한동안 아무 말도 못했다. 그러다가 숨을 크게 몰아쉬기 시작했다. 얼마쯤 지나 안정을 찾았는지 승렬이가 작은 목소리로 말했다.

"선생님, 실은 저는 영국에 대해 생각하기도, 이야기하기도 싫어요. 옛날에 영국으로 떠밀리듯이 갔었거든요."

"떠밀리듯이 갔다고? 무슨 뜻인지 조금만 구체적으로 이야기해 줄 수 있을까?"

"제가 초등학교 4학년 때 부모님께서 저를 영국으로 보내셨어요. 원래는 고등학교 1학년인 제 형을 보내서 공부를 시키려고 했는데, 형이 단식 투쟁까지 하면서 가지 않으려고 해서 저를 대신 보낸 거죠. 제가 어리기도 했지만 형 때문에 힘든 부모님 마음을 더 아프게 하고 싶지 않았거든요. 그래서 별 생각 없이 영국에 갔어요. 처음에는 몰랐는데 부모님이 안 계신 영국에 살면서 제가 형을 대신하는 대용품으로 취급받고 있다는 생각이 들었어요."

"대용품으로 취급받은 것 같았다고? 참 마음이 불편했겠네. 선생님이라도 네 나이에 그런 일을 겪었으면 그런 느낌이 들었을 것 같다. 그런데 영국에서는 어떻게 견뎠니?"

"영국 생활은 그다지 어렵지 않았어요. 삼촌과 숙모도 저에게 잘 해주셨고, 또 영국 친구들하고도 잘 지냈어요. 그렇지만 한국 생각이 많이 났죠. 그래서 1년에 한 번씩 한국에 돌아오면 영국에 돌아가기 싫었어요. 그러다가 중학교 3학년 방학 때 한국에서 여자 친구를 사귀었어요. 그땐 참 행복했죠. 그런데 방학이 끝나고 영국으로 돌아갈 때 갑자기 그 여자애를 두고 떠나기가 두려웠어요. 그 애에게 다른 남자 친구가 생길까봐 불안했죠. 그리고 작년에, 그러니까 고등학교 1학년 때 한국에 와서 보니 정말 그 여자애가 다른 남자애랑 사귀고 있는 거예요. 저와는 만나주지도 않았어요."

"거참, 승렬이 가슴이 무척 쓰렸겠다. 모처럼 행복을 느끼게 해준 여자 친구랑 헤어지게 돼 힘들었겠어. 영국으로 돌아가기도 힘들었겠는걸."

"예. 그래서 저는 공항에서 비행기를 타기 전에 부모님 앞에서 도망쳤어요. 그리고 친구들 집을 돌아다니면서 보름 동안 지냈죠. 부모님께서는 저를 설득하다가 그렇게 힘들면 영국에서 공부하는 것 그만둬도 된다고 하셨어요."

"그랬구나. 그래서 영국에서 돌아왔구나. 공부는 할 만했니? 초등학교 4학년 때부터 고등학생 때까지 영국에서 공부했다면 한국에서 공부하기는 쉽지 않았을 텐데……"

"힘들었죠. 수업은 영어를 제외하고는 따라가기가 힘들었어요. 그래서 매일 잠만 잤어요. 한국에 돌아왔는데 제가 편하게 있을 곳이 한 곳도 없더라구요. 점점 말도 하기 싫어졌어요."

"그랬겠다. 말도 하기 싫고, 아무것도 하기 싫고 그랬을 것 같다.

그런데 어떻게 해서 갑자기 나중에 모델이 되겠다는 꿈을 가지게 된 거냐?"

"우연히 친척 형을 따라서 모델들 의상 발표회하는 델 따라가게 됐어요. 그때 필이 꽂혔죠. 모델은 말을 하지 않아도 되잖아요. 그리고 조금 더 유명한 모델이 되면 한국에서도 인정받을 수 있고, 활동도 자유롭게 할 수 있잖아요. 제 부족한 점을 드러내지 않아도 되고, 사람들은 저에게 박수도 많이 보낼 줄 거고요. 그래서 모델이 되고 싶었는데…… 키 때문에 어렵다고 하시니 갑자기 힘이 빠지네요."

"그렇겠다. 힘이 많이 빠지겠어. 모처럼 희망을 발견했는데, 숨 쉴 수 있는 것 하나를 발견했는데, 선생님이 그렇게 말했으니 말이야. 노력해서 고칠 수 있는 것도 아니고…… 그런데 승렬아, 모델이 되면 다른 사람들에게서 박수를 받을 수 있어서 좋다고 했는데, 그러니까 인정받는 사람이 되고 싶어서 모델이 되겠다는 거냐?"

승렬이는 곰곰 생각하더니 무슨 뜻인지 잘 모르겠다는 표정으로 나를 바라보았다.

"왜, 승렬이 네가 그렇게 말했잖아. 영국에 갔을 때 형 대용품 취급받는 것 같은 느낌이었다고. 그러니까 사람들이 너를 대용품으로 취급하는 것이 아니라 진짜 물건, 그러니까 '사람'으로 인정해 주었으면 하는 마음이 있는 것 아니야? 그것도 다른 사람을 대신한 사람이 아닌 '이승렬' 너 자신으로 말야."

승렬이의 얼굴이 일그러지더니 고개를 숙였다.

"예, 맞아요. 저는 늘 지금처럼 껍데기였어요. 제 안에는 아무것도 없고요. 아! 아니에요. 있긴 있어요. 다른 사람들의 인정을 구걸하는 거지 같은 자식만 늘 있었어요."

"지금 네가 껍데기라고? 지금 네 안에 거지 같은 자식만 있다고?"

"예."

"어허! 이런 친구 봤나. 너 지금 상담실에 왔잖아. '이승렬'다운 삶을 만들고 싶어서 진지하게 선생님하고 이야기해 보려고 왔잖아. 그런데 네가 왜 껍데기야? 지금 이 자리에서 선생님이랑 네 미래를 만들기 위해서 노력하고 있는데 네가 왜 거지야? 속에 알맹이가 꽉 찬 멋진 놈이라고 생각해서, 그런 네가 대견해서 벌써 한 시간째 너랑 이야기를 나누고 있는 나는 뭐냐? 내가 지금 거지 같은 껍데기를 보고 떠들고 있는 거야? 정말 기분 안 좋은데……"

얼굴이 상기된 채 화를 내는 나를 보고 승렬이는 어쩔 줄 몰라 했다. 나는 심호흡을 하고 나서 말했다.

"미안해할 필요는 없어. 선생님 괜찮아. 이건 선생님 감정이니까 신경 쓰지 마. 선생님이 조율할 문제니까. 넌 지금 네 문제로 여기 와 있는 거야. 넌 너만 생각해. 네 문제만 생각해. 다른 사람…… 신경은 쓰지 마. 자 그럼, 우리 다시 한 번 이야기해 보자. 괜찮겠니?"

"저기, 선생님, 몸이 지치네요. 힘들어요."

"그래? 그럼 좀 쉬었다 할까?"

"아, 아니에요. 그냥 할게요. 뭐가 좀 보이는 것 같아요. 지금 쉬면 흐름이 끊어질 것 같아요."

"그래, 그럼 물 한 잔 마실래? 사탕도 있고. 기분이 좀 나아질 텐데……"

"그냥 물 한 잔만 마실게요."

"그러자. 그럼, 선생님이 네 마음을 솔직하게 꺼낼 수 있도록 도와주고 싶은데 괜찮을까?"

나는 승렬이의 동의를 얻어 의자 하나를 승렬이 앞에 놓았다.

"승렬아, 지금 너는 인정받고 싶어 하는 마음을 가진 승렬이고, 저기 빈 의자에는 그런 너에게 아무리 노력해도 인정받을 수 없다고 말하는 또 다른 승렬이가 있다고 생각하고 의자를 바라봐."

승렬이는 처음에 매섭게 빈 의자를 바라보다가 점차 표정이 어두워지더니 마침내 고개를 떨구고 말았다.

"저 친구가 너에게 뭐라고 말하는 것 같으냐?"

"거봐, 너 모델 안 될 거라고 했잖아, 넌 어차피 필요 없는 존재야, 아무리 몸부림치고 쌩쇼를 해도 너를 인정해 주는 사람은 이 세상에 아무도 없어, 이렇게 말하는 것 같아요."

"그래, 그럼 너는 뭐라고 대답하고 싶은데?"

승렬이는 아무 말도 못했다.

"이상하다. 조금 전까지 선생님 앞에서 목에 힘을 주고 모델이 되겠다고 이야기하던 이승렬은 어디로 갔을까?"

승렬이가 울기 시작했다.

"승렬아, 선생님이 좀 도와줄게. 선생님 따라서 외쳐볼래? 야! 니가 뭘 알아?"

승렬이는 소리를 낼 듯하다가 곧 움츠러들었다. 그리고 물을 마셨다. 나는 승렬이가 체할까봐 손으로 등을 쓸어주었다.

"야! 이 자식아 니가 뭘 알아?"

승렬이가 아주 작은 소리로 말했다.

"잘했다. 아주 잘했어. 한 번 더 크게 외쳐볼래?"

뜸을 들이던 승렬이의 눈매가 날카로워지더니 소리를 질렀다.

"야! 이 개 같은 새끼야, 니가 뭘 알아? 니가 날 알아?"

"우리 승렬이 잘한다. 더 크게! 저 개 같은 새끼에게 더 크게 소리를 질러버려."

"야! 이 새끼야! 내가 얼마나 외로웠는지 알아? 영국에서 얼마나 힘들었는 줄 아냐고! 내가 얼마나 엄마에게 아빠에게 여자친구에게 인정받고 싶어 했는지 니가 아냐고! 난 인정받고 싶었단 말이야! 이 새끼야!"

난 승렬이의 말을 따라했다.

"이 새끼야 나도 인정받고 싶단 말이야!"

승렬이는 벌떡 일어나 빈 의자를 향해 가운데손가락을 벌떡 세워 가며 외쳤다.

"웃지 마, 시방새야! 그래, 나, 쪽팔리지만 인정받고 싶어서 환장한 놈이야. 그게 뭐 잘못됐어? 나도 사람 대접받고 싶은 게 뭐 잘못되었냐고!"

흥분한 승렬이는 빈 의자를 걷어찼다. 그리고 주먹으로 벽을 치면서 눈물을 흘렸다. 나는 승렬이의 울음이 잦아들기를 기다렸다가 다시 의자에 앉혔다.

"의자가 나동그라져 있구나. 너에게 넌 안 된다고, 절대 안 된다고 이야기하던 그 친구의 모습이 지금은 어떻게 보이니?"

승렬이가 가만히 의자를 바라보더니 쉰 듯한 목소리로 자그마하게 말했다.

"불쌍해 보여요."

"오호! 불쌍해 보인다고?"

한참 의자를 바라보던 승렬이가 의자를 바로 세웠다.

"예. 이 의자에 앉은 친구도 제 모습인데, 이렇게 쓰러져 있으니까 불쌍해 보여요. 작게도 보이구요."

나는 한참동안 승렬이를 바라보았다. 그리고 두 팔을 벌렸다. 승렬이가 나에게 안기더니 나를 꼭 껴안았다. 그러고 난 뒤 나는 승렬이의 얼굴을 보았다.

"승렬이 얼굴에서 빛이 나는구나. 인정받고 싶은 마음을 있는 그대로 세상에 꺼내놓은 승렬이 정말 멋진걸. 그리고 물건이 아닌 사람으로 살고 싶다고 당당하게 외치는 네 모습은 자유를 누릴 줄 아는 친구라고 느껴진다. 그러면서도 말이야. 선생님은 너를 비난했던 마음속의 너마저 다독거리는 모습을 보면서 너의 따뜻한 마음이 느껴졌어. 그래서 선생님도 마음이 따뜻해졌다. 그래, 승렬이는 지금 기분이 어떠냐?"

"마음이 후련해졌어요. 아주 가벼워요."

"다행이다. 그럼 모델이 되려는 너의 꿈은 어떻게 할까?"

"조금 더 생각해 보고 싶어요. 급하게 결정짓지 않아도 될 것 같아요. 우선 오늘은 쉬고 싶어요. 많이 힘들어요."

"그래, 많이 힘들 거야. 집에 가서 푹 쉬어라. 네 몸에게 고생했다고 말해줘. 고맙다고 말해줘. 모델이 되는 문제는 시간을 두고 천천히 생각하는 것도 좋아. 네가 편안해지면 영국 친구들과 의논하는 것도 괜찮겠지. 영국에서 네가 생활하면서 만난 사람들과 상황이 때론 너에게 꽤 큰 힘이 될 수도 있다는 생각을 했으면 좋겠다. 그 시간도 네 인생의 한 부분이니까. 또 꼭 모델이 되지 않더라도 모델과 관련된 어떤 일을 찾아보는 것도 한 방법이라는 말을 해주고 싶구나. 대학도 그 일과 관련된 학과를 선택하면 될 것이고. 그런 실제적인 일들에 대한 자료는 많으니까 차근차근 알아보자."

비록 기운은 빠져 보였지만 들어올 때와는 달리 매우 밝은 표정이 되어 인사를 하고 돌아가려는 승렬이에게 나는 한 마디 더 던졌다.

"야, 이승렬! 근데 너 모델이랑 관련된 일을 하게 되면 패션쇼에 선생님 꼭 초대해 주라. 이왕이면 쭉쭉빵빵한 여자 모델들 많이 나오는 그런 패션쇼! 알겠지?"

승렬이가 씩 웃으며 힘차게 대답하고 상담실을 나갔다.

승렬이는 지금 대학에서 경영학을 전공하면서 의류업계에서 국제적으로 활동할 수 있는 기반을 닦아나가고 있다. 승렬이는 경영학 공부를 할 때 영국에서 생활하면서 익혔던 영어가 큰 힘이 되고 있다는 내용의 메일을 보내왔다. 이제 승렬이에게 어린 시절 영국에서 생활했던 시간은 생각하기 싫은 과거가 아니라 소중하게 간직하고 싶은 추억인 동시에 현실을 풍요롭게 만드는 재산이 되었다.

스승보다
나은 제자

내가 육십이 되어 친구와 마주 앉았을 때
친구가 나에게 이렇게 물어보았으면 좋겠다.
"넌 이다음에 무엇이 되고 싶냐?"
그 질문을 받는 순간, 내 몸에서 새싹이
흥겹게 돋아나는 행복을 누릴 수 있을 것 같다.
- 마흔 되던 날, 친구와 모교 교정을 거닐면서 주고받던 말

명문 대학 의대를 다니고 있는 제자가 내 앞에 앉아 있다.

"선생님, 저 영화감독이 되는 공부를 하려고요."

"영화감독이 되겠다고? 의학을 공부하는 영화감독, 거 호기심이 생기는데…… 그런데 왜 그렇게 얼굴이 어둡냐?"

"어머니가 반대를 하세요. 선생님도 아시다시피 저의 어머니는 아버지도 없이 저 하나만 바라보고 살아오셨잖아요."

"그래, 그건 내가 잘 알지. 그러고 보니 초등학교 동창인 네 엄마하고 알고 지낸 지도 벌써 30년이 훌쩍 넘었구나. 그래, 나에게도 참 좋은 친구야. 그런데 그런 좋은 어머니께서 반대하는 일을 생각하려니까 너무 힘들겠구나."

"그래서 선생님께 상담을 하러 왔어요. 제가 어떻게 하면 의시의 길을 접고 영화감독이 되겠다고 해도 우리 어머니께서 기뻐하실까요?"

"음…… 네 이야기를 조금 정리할 필요가 있겠다. 우선 너는 네가 하고 싶은 일이 먼저냐, 어머니께서 기뻐하실 일이 먼저냐?"

"제가 하고 싶은 게 먼저라서 이렇게 상담을 드리는 거죠."

"그래, 혹시나 하고 물어본 거야. 하지만 나중에 이 질문을 한 번 더 생각해 주었으면 좋겠다. 그리고 두 번째로 내가 물어보고 싶은 게 있는데 말이야, 어머니께서 반대하는 이유가 네가 의대를 다니지 않겠다는 것 때문이냐, 아니면 영화감독이 되겠다는 것 때문이냐?"

"그게 그거 아닌가요?"

"그렇게 볼 수도 있지만, 선생님은 지금 우선순위를 물어보고 있는 거야. 어느 게 먼저지?"

"아무래도 순서상 의대를 포기하는 것 때문에 반대하시는 거겠죠. 영화감독 공부를 하는 것은 그 다음이니까요."

"음, 그렇구나. 그렇게 생각하고 있구나. 자, 그렇다면 말이야, 이번에는 선생님이 궁금한 것 하나 물어보자. 너 왜 영화감독이 되려고 하니? 혹시 의대에 다녀보니까 너랑은 적성이 잘 맞지 않아서 그런 거야?"

"아니요, 힘들긴 하지만 의대 공부도 할 만해요. 그런데요 선생님, 의사는 한 번에 한 명만 치료하잖아요. 하지만 영화감독은 수많은 사람을 치료할 수도 있다는 생각을 요즘에 와서 자주 하게 돼요. 사실 제가 의대에서 공부하고 싶은 것이 정신과나 신경과 쪽이거든요. 저는 사람이 어떤 존재인지, 사람의 마음이 어떤 것인지 어린 시절부터 참 궁금했어요. 그래서 책도 많이 읽고, 사람들을 만나면 그런 것을 많이 묻고 그랬어요. 그러면서 세상에는 우리 엄마처럼 마음 아픈 사람들이 참 많다는 걸 알게 되었죠. 하지만, 전 엄마에게도 그렇고 다른 사람들을 위해서도 아무것도 할 게 없었어요.

선생님, 전 사람들의 마음을 만져주고, 가능하다면 치료도 해주고 싶어요. 이유는 또 있어요. 제가 어릴 때부터 다른 친구들보다 유달리 영화를 좋아했죠. 또 제가 학교 축제 준비할 때 기획 능력이 뛰어나고 생각이 신선하다고 선생님께서 저에게 칭찬해 주신 적도 있잖아요. 그리고 있잖아요, 선생님, 제가 영화감독이 된다고 생각만 해도 심장이 터질 듯이 뛰는 걸 느껴요.”

“좋았어. 젊은 놈이 심장 뛰는 일 하나는 품고 살아야지. 좋아. 아주 멋져! 자, 그럼 우리 이렇게 해볼까? 너 의학 공부 다 하고 의사가 된 뒤에 영화감독 되면 어떨까?”

“선생님, 그건 너무 늦어요. 아시잖아요. 둘 중 하나만 공부하기에도 시간이 부족하잖아요.”

“둘을 한꺼번에 하려면 그렇지. 난 의학 공부 마친 뒤에 영화감독 하면 어떨까 하고 제의한 건데……”

나는 잠시 침묵했고, 제자는 이해할 수 없다는 표정으로 나를 바라보았다.

“한 단계만 더 깊게 생각해 봤으면 좋겠다. 영화감독과 의사가 되겠다는 생각 그 아래에 어떤 마음이 있는지 잘 들여다봤으면 좋겠어. 하나를 선택하는 것보다 하나를 버리는 것이 더 힘겨운 법인데, 꼭 버려야 하는지에 대해서도 말이다. 그리고 잘 알겠지만 버릴 수 없으면서 버리는 척하는 것도 썩 좋은 행동은 아니야. 음…… 우리 오늘 이야기는 이 정도 하자. 내가 생각을 좀 정리해서 너에게 이메일을 보낼

게. 편안한 시간에 읽어봐. 명령이나 충고가 아니라 그저 선생님 의견이니까 너무 부담은 갖지 말고."

나는 그날 밤에 기도하는 마음으로 제자에게 이메일을 보냈다.

친구야,

난 네가 의학 영화를 만들었으면 좋겠다. 그러기 위해선 네가 의학에 대한 지식이 풍부해야 한다고 생각한다. 그러니까 네가 의학 공부를 하고 의사 면허 시험에 합격하는 것도 영화감독으로 가는 길이라고 생각한다. 그리고 나는 네가 단 한 편의 영화로도 아주 오래오래 사람들의 가슴에 남는 영화를 만들었으면 좋겠다. 시대가 흘러도 그 영화를 보면 아픈 사람들의 마음이 저절로 치유되는 의학 영화를 만들었으면 좋겠다.

쉰 살부터 열심히 20년간 준비해서 일흔이 되었을 때 영화 한 편 세상에 내놓을 수 있다면 그것도 좋지 않을까? 네가 살아갈 세상에 일흔은 그리 노인도 아닐 것이고 말이야. 일흔이 되는 그때까지 네 심장이 풋풋한 노래를 부르며 뛴다면 네 인생은 얼마나 신날까?

두 가지 방법을 구체적으로 제안하고 싶구나. 나는 네가 영화와 관련된 사람들을 전문적으로 치료하는 의학도가 된다면 어떨까 하는 생각도 조심스럽게 해본다. 영화감독을 꿈꾸는 의사로서 그들을 만나면서 우리 삶에서 영화는 어떤 것이며, 좋은 영화를 만들기 위해선 구체적으로 어떤 일을 해야 하는지, 영화와 관련된 일을 하다가 병원에 온 그들과 많은 대화를 나눌 수 있게 되었으면 좋겠다. 그러다 보면 그들 마음속에 있는 상처들과도 만날 수 있을 것이라 생각한다. 알겠지만 상처를 입은 사람들은 대부분 마음속에 꿈을 간직하고 살아가는 사람들이거든. 그들의 상처 난 꿈을 소독해 주고 그들의 마음을 어루만져주면서 그들과 함께 영화의 세계를 거닐어보는 건 어떨까?

두 번째로는 환자들과 함께 영화를 보는 치료 프로그램을 병원에서 만들어보는 것은 어떨까? 어떤 영화가 환자들에게 긍정적인 영향을 미치는지, 어떤 영화가 환자들에게 부정적인 영향을 미치는지 냉정하게 분석하고 관찰한다면 네가 꿈꾸는 '치유의 영화'를 만드는 데 큰 도움이 될 수 있지 않을까?

그리고 이건 팁인데 말이야. 네가 쉰 즈음에 영화감독이 되고 싶다고 어머니께 말씀드리면 어머니는 기꺼이 네 편이 되어주실 거야. 그때 어머니는 강력하게 반대할 기력이 없을 나이잖니? 하하, 농담이다, 농담. 그때까지 네가 살아가는 모습을 본 어머니는 너의 판단을 무조건 존중하실 거야. 네가 하는 일에 대한 믿음이 아니라 너에 대한 믿음이 있기 때문이지. 내가 아는 너의 엄마는 분명 그런 믿음을 갖고 있는 친구야. 그건 선생님이 보증하마. 물론 그때까지 어머니께서 건강하게 지내도록 하는 것은 네 책임이라고 생각해. 그리고 이런 생각은 나보다 네가 더 강하게 갖고 있을 거라고 믿는다. 내가 아는 제자

백민기는 분명 그런 마음을 갖고 있는 친구라는 걸 누구보다 내가 잘 아니까. 아! 그리고 네 첫 작품은 너의 어머니에게 바쳤으면 좋겠다. 부탁할게.

그리고 영화 시사회 때는 나를 꼭 초대해 주렴. 그럼 나는 네 영화 광고 해줄게. 말을 해놓고 보니까 무슨 거래하는 것 같아 웃음이 나온다. 그래도 나는 네 영화를 광고하는 일을 담당하고 싶구나. 생각해 보렴. 그때가 되면 내 제자가 얼마나 많아지겠냐? 그 친구들에게 네 자랑 하면서 네 영화 보고 영화 티켓 갖고 오는 게 숙제라고 말할게. 기별 동창회 할 때 그 티켓이 없으면 입장시키지 말라고 내가 명령해 놓을게. 하하. 내가 다 신이 난다. 칠십 청춘 제자의 영화를 구십 된 스승이 광고를 하다! 멋지지 않니? 한 편의 영화 같지 않아?

친구야,

자, 그럼 심호흡 몇 번 하고 운동화 끈 고쳐 매자. 다리를 튼튼하게 하려고 달리기를 하지만 생각지도 못했던 심장이 더 튼튼해지는 신비한, 그 마법의 시간을 함께 누려보자꾸나.

친구야, 그대 장거리 선수야! 그대의 길 위에 영광 있기를 두 손과 마음 모아 빈다.

선생이기에 앞서 함께 꿈꾸는 소년이 되고 싶은 친구 문경보 보냄.

그리고 두 계절이 지난 뒤, 제자에게서 이메일로 답장이 왔다.

선생님,

저, 의대를 그만두고 다시 시험을 봐서 영화학과에 입학했어요. 어머니께서는 여전히 반대를 하지만 시간이 흐르고 제가 계속해서 노력하면 어머니께서도 언젠가 제 편이 되어주실 거라고 생각해요.

지난번 선생님 메일을 받았을 때, 죄송한 말씀이지만 전 선생님이 무척 밉고 싫었어요. 전 선생님이 저를 응원해 주실 줄 알았거든요. 그런데 무작정 반대를 하시는 어머니보다 어쩌면 선생님께서는 더 교묘하게 저를 의대에 다니게 하려는 분이라는 생각이 들었어요. 그래서 기분이 안 좋았어요.

그런데 마음이 안정된 지금은 생각이 달라졌어요. 비록 제가 원하는 답은 주지 않으셨지만, 그래도 선생님은 제 앞날을 위해서 걱정을 해주시고 함께하겠다고 약속해 주셨잖아요. 제가 힘들 때마다 선생님이 생각나는 이유를 이제야 알겠어요. 고등학교 때 선생님은 늘 친구처럼 함께 있어주신 분이었어요. 그런 선생님이 좋아서 우리는 고민이 있으면 상담실로 달려갔었던 것 같아요.

선생님,

저 앞으로 더 힘들지 모르겠어요. 그때마다 선생님 찾아갈게요. 늘 그 자리에 건강하게 계셨으면 좋겠어요.

선생님의 제자 백민기 올림.

내 제자는 내가 바라는 길을 선택하지 않았다. 그러나 제자와 함께 하고 싶어 하는 나의 마음은 내가 준 것보다 훨씬 더 크게 받아들여 주었다. 아직도 지시하고 명령하는 것에 익숙한 풋내기 상담 교사의 마음을 곱게 받아주고 자신의 에너지로 잘 활용한 제자를 보면서, 나는 '청출어람'의 기쁨이란 이런 것일까 하는 생각을 하게 되었다.

샨티의 뿌리회원이 되어
'몸과 마음과 영혼의 평화를 위한 책'을 만들고 나누는 데
함께해 주신 분들께 깊이 감사드립니다.

개인

이슬, 이원태, 최은숙, 노을이, 김인식, 은비, 여랑, 윤석희, 하성주, 김명중, 산나무, 일부, 박은미, 정진용, 최미희, 최종규, 박태웅, 송숙희, 황안나, 최경실, 유재원, 홍윤경, 서화범, 이주영, 오수익, 문경보, 여희숙, 조성환, 김영란, 풀꽃, 백수영, 황지숙, 박재신, 염진섭, 이현주, 이재길, 이춘복, 장완, 한명숙, 이세훈, 이종기, 현재연, 문소영, 유귀자, 윤홍용, 김종휘, 보리, 문수경, 전장호, 이진, 최애영, 김진회, 백예인, 이강선, 박진규, 이욱현, 최훈동, 이상운, 김진선, 심재한, 안필현, 육성철, 신용우, 곽지희, 전수영, 기숙희, 김명철, 장미경, 정정희, 변승식, 주중식, 이삼기, 홍성관, 이동현, 김혜영, 김진이, 추경희, 해다운, 서곤, 강서진, 이조완, 조영희, 이다겸, 이미경, 김우, 조금자, 김승한, 주승동, 김옥남, 다사, 이영희, 이기주, 오선희, 김아름, 명혜진, 장애리, 신우정, 제갈윤혜, 최정순, 문선희

단체/기업

(주)김정문알로에, 한경재단, design Vita, PN풍년, 사단법인 한국가족상담협회·한국가족상담센터, 생각느낌 소아청소년 성인 몸 마음 클리너, 경일신경과 | 내과의원, 순수피부과, 월간 풍경소리, FUERZA

샨티 이메일로 이름과 전화번호, 주소를 보내주시면 샨티의 신간과 각종 행사 안내를 이메일로 받아보실 수 있습니다.

이메일 : shantibooks@naver.com
전화 : 02-3143-6360 팩스 : 02-6455-6367